ANTOLOGÍA POÉTICA COMENTADA

Biblioteca Edaf
283

FRANCISCO DE QUEVEDO

ANTOLOGÍA POÉTICA COMENTADA

Edición de
FERNANDO GÓMEZ REDONDO

edaf

www.edaf.net
MADRID - MÉXICO - BUENOS AIRES - SANTIAGO
2025

© 2004. De la edición, prólogo y notas: Fernando Gómez Redondo
© 2004. De esta edición, Editorial EDAF, S. L. U

Diseño de cubierta: Gerardo Domínguez

Editorial Edaf, S. L. U.
Jorge Juan, 68. 28009 Madrid
http://www.edaf.net
edaf@edaf.net

Algaba Ediciones, S. A. de C. V.
Calle 21, Poniente 3323, entre la 33 Sur y la 35 Sur
Colonia Belisario Domínguez,
Puebla, 72180, México
jaime.breton@edaf.como.mx

Edaf del Plata, S. A.
Chile, 2222
1227 Buenos Aires, Argentina
edafdelplata@gmail.com
fernando.barredo@edaf.com.mx

Edaf Chile, S. A.
Huérfanos, 1178, Oficina 501
Santiago, Chile
comercialedafchile@edafchile.cl

Queda prohibida, salvo excepción prevista en la ley, cualquier forma de reproducción, distribución, comunicación política y transformación de esta obra sin contar con la autorización de los titulares de propiedad intelectual. La infracción de los derechos mencionados puede ser constitutiva de delito contra la propiedad intelectual (art. 270 y siguientes del Código Penal). El Centro Español de Derechos Reprográficos (CEDRO) vela por el respeto de los citados derechos.

4ª edición, junio 2025

I.S.B.N.: 978-84-414-1473-4
Depósito legal: M-38.479-2004

PRINTED IN SPAIN   IMPRESO EN ESPAÑA

Impreso por Service Point
Papel 100% procedente de bosques gestionados de acuerdo con criterios de sostenibilidad

*Para Javier,
con veinte años ya,
«en quien lozana juventud se fía»* (§ 53).

Índice

Págs.

INTRODUCCIÓN, por Fernando Gómez Redondo .. 11
1. El escritor 11
2. La época 14
3. La obra de Quevedo 17
4. Estudio de la poesía de Quevedo 22

BIBLIOGRAFÍA FUNDAMENTAL COMENTADA 45

NUESTRA EDICIÓN 63

QUEVEDO Y SU ÉPOCA 65

OBRA POÉTICA

1. Poemas amorosos 83
2. Canta sola a Lisi, y la amorosa pasión de su amante 115
3. Poemas metafísicos 131
4. Poemas morales 147
5. Poemas religiosos 163
6. Heráclito cristiano y segunda arpa a imitación de la de David 167
7. Poemas líricos 177

Págs.

8. Poemas de circunstancia (epitafios, túmulos y elogios) 191
9. Poemas satíricos 199

ÍNDICE DE PRIMEROS VERSOS 327

Introducción

> Quevedo conceptista,
> el de la voz amarga,
> el de la risa larga,
> donde ninguno chista.
>
> Unamuno, *Cancionero*.

1. EL ESCRITOR

Quevedo, el desengaño como aprendizaje

Quevedo consideraba su labor literaria como una actividad de segundo orden, frente a su más importante vocación, la política. Estas dos facetas conformaron su existencia y reflejan, perfectamente, la contradicción que a lo largo de su vida tuvo que asumir de modo inevitable.

Nacido en 1580, recibió una enseñanza humanística; dotado de una gran inteligencia y de una capacidad admirable para el aprendizaje de las lenguas clásicas y de los idiomas modernos, aprovechó sus veinte primeros años en formar una personalidad ambiciosa, entregada por completo a vivir y a sentir una época en que ya no eran realizables los ideales de esa cultura renacentista, que situaba al hombre como centro del universo y que concedía a la naturaleza la categoría de marco de perfección del desarrollo vital.

Quevedo, como sus padres, se entregará por entero a la vida de la corte. Acude a ella como medio de practicar sus sueños políticos, sus teorías sociales, y encuentra algo muy distinto: un lugar donde la vanidad y la presunción son máscaras que disfrazan a seres huecos y vacíos, eternos pretendientes de favores cortesanos, abigarrados racimos de gente desocupada y sin empleo, que solo aspira a vivir a la sombra de algún noble poderoso. Medradores de oficio, aristócratas arruinados, hidalgos que funden su aplebeyamiento con un obstinado orgullo, con una limpieza de sangre o con una honra lavada y larvada en su miseria. Alucinada procesión de personajes grotescos en cuyas filas tiene que ingresar el joven Quevedo.

De inmediato, su vivir se escinde en dos perspectivas contradictorias:

a) Interiormente, surge un Quevedo que irá sustituyendo el asombro y la sorpresa inicial del mundo que le ha tocado conocer, por una visión filosófica, moral, en donde guarda sus más queridas ambiciones políticas, teñidas paulatinamente por la doctrina del neoestoicismo; con ella, aprenderá a refugiarse en su condición intelectual cuando las turbulentas aguas políticas amenacen con destruirlo. Todos sus sueños, todos los deseos que dejará de realizar, penetrarán en sus escritos sociales, cada vez más utópicos y religiosos a medida que la depresión ambiental se va apoderando de él.

b) Pero Quevedo no se resiste a vivir hacia fuera; se lanza a una carrera política, en la que no dudará en emplear toda suerte de recursos, de intrigas y de sobornos, con tal de escalar puestos, servir a los poderosos y crear una imagen suya de adulador oficial. Su vida se convierte en una triste máscara externa, en un continuo desvelo por admirar a los nobles, de los que suspiraba su protección y ayuda. Quevedo se enfrentará, entonces, a todo tipo de dificultades y de enemigos. Dificultades, incluso, físicas: desproporcionado corporalmente, cojo, corto de vista, será objeto de durísimas críticas y ataques, que irán de su apariencia externa a sus ambiciones cortesanas. Todo lo supera Quevedo: contraataca con feroces sátiras y llega a desempeñar cargos públicos de gran importancia. «Para, si subes; si has llegado, baja» aconsejó a los que ascendían a la cumbre del poder: máxima moral que en él también se hará realidad, ya que nada más alcanzar el nombramiento de secretario del rey y el hábito de Santiago, se verá precipitado hacia un forzoso retiro y apartamiento de una corte que volvía lo de abajo arriba cuando un valido o primer ministro perdía el favor real. A partir de 1621, Quevedo ve declinar su estrella política. El nuevo monarca, Felipe IV, más pusilánime y débil que su padre Felipe III, entregará todo el poder al conde-duque de Olivares, quien hará y deshará a su entera voluntad vidas y destinos; así le ocurrirá a Quevedo: el poeta elogiará la contradictoria política de este valido para verse después encarcelado por una orden suya y solo liberado tras la caída del primer ministro.

De la conjunción de estas dos visiones —interna: la moral, la filosófica, la religiosa; externa: la ambición, la carrera política, el encarcelamiento— un pavoroso desengaño irá cubriendo a Quevedo, cuyas únicas salidas serán refugiarse o en su interior para sobrevivir, o en su villa de la Torre de Juan Abad para reflexionar y comprender, escribiendo, lo que vive y padece.

Poco a poco, esa actividad secundaria que era la escritura va ocupando el tiempo y el espacio de la vida de Quevedo. Una profunda transformación se nota entonces en sus escritos: el tono festivo y burlesco de sus composiciones juveniles va a ser sustituido por una mirada crítica y pesimista, que se seguirá burlando, sí, pero con la triste ironía del que ha sido ya apartado de la vida.

2. LA ÉPOCA

El Barroco: esplendor y miseria

Cada cultura es signo de un tiempo, de una historia y de una mentalidad determinada; como tal signo crea valores fijos y códigos de comportamiento, que marcan las pautas de la vida de los hombres de esa época y que condicionan las formas artísticas y su desarrollo.

El Barroco es un período cultural, surgido de la combinación de diversos factores; puede definirse como un movimiento espiritual de extremos contrastes y múltiples direcciones; originado en una grave crisis social y económica (que en España resulta más aguda que en el resto de Europa), el Barroco se manifiesta como un modelo de desintegración social, que difumina los límites de la realidad y desorienta las perspectivas del conocimiento humano.

Tal inestabilidad impide acotar cronológicamente esta época. Para el caso de España, parece aceptarse que el Barroco correspondería a los reinados de los Austrias menores: de Felipe III (1598-1621) a Carlos II (1665-1700), tiempo en el que todas las formas de la vida idealista del siglo XVI entran en una profunda crisis, disolviéndose y dando lugar a una nueva visión del mundo.

Pero el verdadero Barroco, en cuanto decadencia política y moral, surge de la España de Felipe II, justo en el año de 1564, cuando este monarca asume los decretos religiosos (acordados en el Concilio de Trento para combatir la Reforma protestante) y los convierte en leyes de Estado. Todo el humanismo desarrollado en la primera mitad del siglo XVI, bajo el reinado de Carlos I, desaparece lentamente y, con ello, la visión erasmista, la investigación crítica, la labor filológica e, incluso, la expansión política.

El fanatismo religioso empieza a sustituir a las inquietudes intelectuales y el conservadurismo político provoca graves escisiones en una sociedad cada vez más conflictiva y contradictoria: por ejemplo, es ahora, a principios del siglo XVII, cuando la separación entre cristianos nuevos y cristianos viejos se evidencia con mayor crueldad, y ello ocasiona que todo sospechoso de ascendencia judía sea apartado de cualquier cargo público y vea cerradas las posibilidades para desarrollarse personalmente; el mismo Quevedo fue un durísimo hostigador racista y no perdonó ocasión en que no hiciera gala de tan «terribles injurias» (véanse poemas 64, 71 y 107).

El Barroco muestra, pues, una sociedad arruinada, jerárquicamente dividida en grupos y clases irreconciliables: 1) una alta aristocracia dirigente que seguía ostentando su incultura como factor de pureza social; 2) una segunda nobleza, la de los hidalgos, empobrecida en lo económico, pero alzada en el orgullo de su limpieza de sangre; 3) una corte formada por eternos aspirantes de favores, préstamos o nombramientos públicos; 4) una mendicidad —la mayor de Europa— aumentada por los soldados tullidos que regresaban de las Indias o de las numerosas campañas europeas, y 5) un campesinado que abandonaba sus tierras de labranza para acudir a las grandes ciudades en busca de oportunidades que nunca encontrará.

Tanta miseria y tanta decadencia constituyen el Barroco. Y, entonces, ¿por qué Siglo de Oro?, ¿por qué esa prodigiosa e irrepetible conjunción de voluntades artísticas y espíritus creadores?, ¿por qué ese esplendor cultural? No resulta muy difícil contestar a estas interrogaciones. Hay, en primer lugar, una razón sociológica para explicar esta contradicción: toda sociedad que vive una profunda crisis de valores debe encontrar otros nuevos en lugar de los que considera caducos o gastados, y será la creación artística la que ayuda a fijar esas distintas pautas de comportamiento social: la identidad de un pueblo y la de una nación pueden encontrarse en las propuestas de las clases intelectuales. En segundo lugar, la sociedad española del siglo XVII necesitaba y alentaba las manifestaciones artísticas: el vulgo o pueblo, por ejemplo, conectó de inmediato con el modelo de comedia dramática desarrollado por Lope; esas mismas clases humildes consumían con avidez romances y letrillas de autores cultos que se vendían en pliegos de cordel; por otra parte, los nobles protegían a artistas y escritores como forma de manifestar un prestigio social que se derivaría de la obra artística a ellos dirigida; no hay que olvidar tampoco que Felipe IV, tan mal rey para lo político, fue un magnífico y brillante mecenas que supo rodearse de Velázquez, Zurbarán, el Cartujo, etc. En tercer lugar, y ya en el orden literario, hay que reconocer el carácter evasivo de muchas composiciones poéticas o invenciones prosísticas; durante la primera mitad del siglo

XVII, la mayoría de las obras literarias o proponían vías de alejamiento de la realidad (lo que se ha llamado ilusionismo) o se zambullían de pleno en la miseria social para mostrarla con toda su crudeza (la vía del naturalismo, presente, por ejemplo, en la picaresca y en la poesía satírica de la época).

Muchas son las razones, por tanto, para promover y entregarse con completo entusiasmo a la creación artística, pero —no se olvide— hay una que sobresale por encima de todas: el creador, el artista se aparta aterrado de la realidad que lo rodea, se refugia, entonces, en su interior y asiste asombrado a una idéntica repetición de aquello de lo que venía huyendo: el tiempo, la muerte, la vida perdida y el desengaño, que serán los temas constantes de la literatura barroca.

3. LA OBRA DE QUEVEDO

Quevedo: espejo del Barroco

Será don Francisco de Quevedo el máximo exponente de esta cultura contradictoria, en parte porque él mismo fue víctima de una sociedad que aniquiló sus mejores ilusiones, lo encarceló y sumió su vida en un pavoroso desengaño personal.

La obra literaria de Quevedo ha de reflejar, por tanto, este movimiento anímico de cambios y alteraciones en la personalidad de un autor, que partirá de un entusiasmo inicial para acabar en la más completa frustración.

Tres fases podrían dibujarse en este desarrollo:

1. *Período de integración social:* corresponde a los años de 1601 a 1621; es la época en que Quevedo cree

posible la realización de sus aspiraciones como hombre político. A pesar de vislumbrar la grave crisis social que atenaza al país, cierra sus ojos a tales realidades y fija su perspectiva crítica en algunos errores políticos, proponiendo soluciones, de carácter fundamentalmente religioso *(España defendida* y *De la doctrina cristiana)*. Hay que señalar que Quevedo nunca atacó el orden social establecido; de entrada, era impensable en aquella época, pero es que, además, Quevedo creía en ese autoritarismo centralista, al que solo censuró su falta de moralidad; por ejemplo, la *Política de Dios y gobierno de Cristo* (1619-1621) es una continua alabanza al régimen absolutista y aristócrata de la política de Felipe III, con una serie de consejos para que los privados ejerzan con rectitud el arte de gobernar (publicada en 1626; la segunda parte apareció en 1655).

En esta línea hay que interpretar *El Buscón:* una obra con estructura picaresca, pero sin el espíritu crítico y acusador de las restantes piezas del género; *El Buscón* es un juguete cómico de su juventud; obra escrita con desenfadada alegría, sin ninguna pretensión de denuncia social y con la única finalidad de mostrar los alardes lingüísticos que su ingenio era capaz de inventar.

Distintos son los *Sueños:* fantasías en prosa, tan extrañas, que en 1610 se prohibió su publicación. Quizá en estos *Sueños* se va abriendo la herida del densegaño, que Quevedo no puede proyectar hacia la realidad social en que vive: todo lo contrario, su imaginación se lanza a dibujar espacios irreales y abstractos (el Infierno, el Juicio Final, la calle del Desengaño) en donde hace desfilar a una serie de figuras grotescas, que no son más que pesadillas en que quedan representados seres concretos y clases sociales, sobre las que ya puede descargar su feroz sátira; rasgo típico de la cultura barroca: Quevedo, para censurar aquello que cree negativo, se ve forzado a hacerlo dando rodeos y proponiendo ámbitos ilusorios, que no se confundieran con los modelos criticados.

También a este primer período corresponden sus preocupaciones de filólogo humanista: traducciones del griego, que, poco a poco, le van a ir aproximando a formas de pensamiento neoestoico, ya visible en *La cuna y la sepultura* (1612). La grave crisis religiosa de 1613 permite fraguar su *Heráclito cristiano:* manifestación sincera de un espíritu arrepentido por los desórdenes de su juventud (véanse poemas 50-54).

2. *Período de disolución:* la pérdida de la privanza del duque de Uceda arrastra en su caída al duque de Osuna, virrey de Nápoles, y a Quevedo, protegido suyo (véase poema 60). Comienza para Quevedo un difícil período que irá de 1621 a 1639: en él simultanea su vida como cortesano, convertido en pretendiente de favores, con sus obligados retiros a la Torre de Juan Abad, enclave manchego, en donde se refugiaba de las inestabilidades y persecuciones políticas de que era continuamente objeto. De hecho, escribe bastante e imprime aún más: la mayoría de sus obras de juventud. De 1627 es un curioso experimento dramático, *Cómo ha de ser un privado,* comedia que conecta con esa inicial imagen de adulador del conde-duque de Olivares, a quien defenderá en 1630 en *El chitón de las Tarabillas* y a quien dirigirá su *Epístola satírica y censoria contra las costumbres presentes de los castellanos* (h. 1628), largo poema en que formula su esperanza de que el Conde-Duque pueda gobernar con acierto el rumbo de la nación.

Se encona su conservadurismo religioso, hasta el punto de verter toda su misoginia contra Santa Teresa, cuando esta fue propuesta por los carmelitas como copatrona de España, junto con Santiago; Quevedo, caballero santiaguista, no podía tolerar tal «afrenta» contra la Orden a la que pertenecía y escribió su *Memorial por el patronato de Santiago*. Tales muestras de colaboracionismo político le valieron el nombramiento honorífico de secretario del rey (1632). De todos modos, Quevedo prestó a la corte de Felipe IV solo su apariencia sumisa: dentro de él gravitaban los males que aquejaban a la sociedad de su tiempo y supo exponerlos en obras breves, que entonces no alcanzaron ninguna trascendencia: así, en los *Grandes anales de quince días. Historia de muchos siglos que pasaron en un mes,* donde reflexiona sobre los cambios políticos habidos a la muerte de Felipe III, o en el *Levantamiento de Portugal* y en la *Rebelión de Barcelona,* opúsculos en que expone diversas teorías económicas. Aunque será el conjunto epistolar de la *Virtud militante* (comenzado en 1634) el que transmita más directamente las consecuencias frustradas de haber vivido la vanidad del mundo; es quizá la obra más cercana a sus poemas morales y metafísicos.

En este segundo período, publica también diversas obras festivas en que alterna los ataques contra Góngora y sus secuaces *(La culta latiniparla* o la *Aguja de navegar cultos,* véanse poemas 107 y 108) con textos en que perfila en prosa variaciones de sus más queridos temas y figuras satíricas, presentes a la vez en su poesía: así, el *Libro de todas las cosas,* el *Origen y definición de la necedad,* las *Epístolas del Caballero de la Tenaza* (veinte cartas, repletas de consejos para que un galán se libre de dar dinero a las damas; obsérvese el parecido con el poema 96), la *Carta de un cornudo a otro cornudo* (véanse los poemas 71-76), la *Pregmática que han de guardar las hermanitas de pecar* (desarrollo del tema de la infidelidad), el *Alabanzas de la moneda* (exposición satírica de las virtudes del dinero, véanse poemas 87 y 88) o la *Vida de la corte y oficios entretenidos de ella* (véanse poemas 89, 103 y 104). Muchas de ellas fueron recogidas en una edición a la que Quevedo tituló, significativamente, *Juguetes de la niñez y travesuras del ingenio* (1631).

Por último, hay que incluir la redacción de *La Hora de todos y la Fortuna con seso:* parodia mitológica y esperpéntica procesión de figuras satirizadas en el verdadero ser que esconden bajo su apariencia; escribiría, también, la segunda parte de la *Política de Dios*, lo que marca un nuevo acercamiento a las obras de realidad social.

3. *Período de desengaño:* a finales de 1639 Quevedo fue encarcelado en el convento de San Marcos de León, de donde no saldría hasta 1643; apenas dos años de vida le quedan, y los empleará en preparar la edición de sus obras, retirado definitivamente del mundo en la Torre de Juan Abad. No escribe mucho, corrige sobre todo y solo da a la imprenta, en 1644, la *Vida de San Pablo* (iniciada en la prisión) y la *Vida de Marco Bruto* (escrita en 1636); esta obra constituye una reflexión sobre este personaje histórico, cargada de juicios políticos, de los que se desprende una dosis de moralidad y religión. De hecho, esta visión religiosa quedaría como única y última perspectiva de composición temática en la obra de Quevedo: en San Marcos redactó dos tratados morales *(La constancia y paciencia del Santo Job* y *La providencia de Dios,* publicados en el siglo XVIII) que conforman su testamento espiritual y resumen todo el desengaño vital sufrido hasta entonces.

4. ESTUDIO DE LA POESÍA DE QUEVEDO

Escribir poesía supuso para Quevedo plantear una manera de conocer, proponer una vía de acercamiento a la realidad, determinar, en suma, múltiples perspectivas para vivir, sentir la época del Barroco y traducirla a claves de desengaño.

De toda la obra de Quevedo, su poesía representa la visión más completa del arte barroco, creada por este autor. Ello es debido quizá a que Quevedo no finge apariencias en sus poemas, como sí plantea en el resto de su producción literaria; piénsese que Quevedo no publicó su poesía en vida y que la corrigió de modo continuo, en un esfuerzo creativo que le permitió comunicarse consigo mismo en cada una de las facetas que supo desarrollar poéticamente: es decir, poder volver a sentir el amor de los poemas amorosos, la angustia vital de los metafísicos o la despiadada visión crítica de los satíricos.

Por ello, resulta imposible separar la creación poética de la producción prosística; solo el pensamiento amoroso carece de paralelismo en la obra en prosa, pero el resto de los temas se desarrollan simultáneamente en las dos formas de verso y de prosa, y, dentro de cada una de ellas, en una pluralidad de direcciones genéricas, representativas de la múltiple visión con que Quevedo asumía la realidad, la diseccionaba y la reconstruía de nuevo, a fin de mostrar su verdadero interior. Así, en poesía y en prosa, alternan, por ejemplo, la visión picaresca (compárese *El Buscón* con los poemas 89 y 102), el sueño fantástico (véanse los poemas 103 y 105, idénticos a los *Sueños),* la reflexión política y moral (hay una similitud de argumentos entre la

Política de Dios y los poemas 40-47), la observación religiosa y, sobre todo, la actitud vital del desengaño.

Quiere decirse con esto que para Quevedo la creación literaria es una sola manifestación de su experiencia personal: él no diferencia ni géneros ni formas, ya que su prodigiosa invención lingüística desbordaba todos los límites expresivos impuestos por la tradición. Quevedo, en realidad, absorbe todos los grupos genéricos conocidos en su época, para formularlos de nuevo, eligiendo aquellos planos o perspectivas más acordes con su manera de sentir y de comprender la existencia.

Como este entrecruzamiento de tendencias hay que entender su poesía; incluso, en muchos poemas funde diversas ideas y sentimientos (lo amoroso con lo satírico: poema 21; lo amoroso con lo metafísico: poemas 30-32; o lo satírico con lo moral: poemas 88, 94, 103, etc.).

De esta manera, su poesía entera es Barroco: gigantesca y pluriforme creación literaria, en donde resulta imposible hallar el equilibrio de ideas, la armonía de sentimientos, el orden vital del período humanístico del si-glo XVI. Quevedo lo intuye y no duda, por ello, en ofrecer la fragmentación de un mundo disolviéndose como su propia vida.

La poesía amorosa: perfección y desasosiego del ser enamorado

En los siglos XVI-XVII el amor era un tópico literario, de casi obligada realización para todos los autores: recuérdese que el mismo fray Luis de León no supo renunciar a esta moda y escribió cinco sonetos amorosos, y téngase también presente que San Juan de la Cruz no encontró otro marco más adecuado para expresar sus experiencias místicas que el del amor humano vuelto a lo divino. El amor es, así, el sentimiento universal que todo lo invade: para el Renacimiento es el centro del equilibrio de la perfección humana, mientras que para el Barroco supondrá una imagen de nostálgico idealismo o una exuberante idea de vitalidad, creada para enfrentarla al desengaño moral del siglo XVII (lo que sucede, por ejemplo, en las obras dramáticas de Lope de Vega).

Pero no por ello deja de ser un tópico y, como tal, se origina en la fusión de diversas tradiciones literarias, que pueden ser o códigos de expresiones lingüísticas o repertorios de motivos temáticos. Quevedo asimila todas estas direcciones: su desbordada creación barroca lo impulsa a conjugar esta serie de teorías amorosas a fin de encontrar su propia voz y a fin, también, de explorar el mundo interior de sus sentimientos.

En este sentido, cinco tradiciones literarias pueden reconocerse en la poesía amorosa de Quevedo:

1. *La teoría del amor cortés,* expuesta ya por An-dreas Capellanus en su tratado *De amore* (1186?), que concibe el amor como servicio y al amador como un ser entregado al sufrimiento y a la eterna adoración de su dama.

2. El *Canzoniere* de Francesco Petrarca (1304-1374), quien dibuja a un amante preocupado por analizar su estado de ánimo y por comprender la fuerza de ese amor que lo arrastra y transforma («Io amai sempre, et amo forte ancóra», soneto 85).

3. Los *Cancioneros* castellanos del siglo XV (editados con profusión en el siglo XVI) que exprimen todos los sentimientos humanos que es capaz de provocar la «llama» del amor; Quevedo encuentra en estos poetas cortesanos el más completo mosaico de situaciones, tópicos y motivos argumentales sobre el amor, sus efectos y sus contradicciones.

4. El *neoplatonismo*, unido a esta concepción amorosa a lo largo del siglo XVI; León Hebreo, en sus *Dialoghi d'amore* (1535), subrayó la importancia de prescindir del deseo amoroso, para que entre los amantes se estableciera una comunicación puramente intelectual; con esta línea conecta Quevedo y llega a plantear una compleja filosofía sobre el significado de amar (véanse, por ejemplo, los poemas 14 y 15).

5. El *estoicismo*, que proporciona a Quevedo una fuente de serenidad, con la que podrá mitigar la angustiosa sed de su sentimiento herido y de su dolor humano; amor y muerte se funden, entonces, en una imagen de inigualable belleza y exactitud (véanse poemas 22, 23 y 24).

Quevedo, conscientemente, asume estos cinco planos: sus ideas, sus imágenes, sus estructuras formales aparecen, una y otra vez, a lo largo de los poemas que escribe. ¿Cómo comprender, así, su originalidad si la hubo? Por una parte, hay que indicar que en el Renacimiento casi resultaba obligatorio imitar a los autores clásicos y las obras maestras de la Antigüedad; Quevedo, como buen humanista que era, no cuestiona la práctica de la imitación, al contrario, la observa y la supera con su extraordinaria capacidad de invención lingüística; es decir, que un autor renacentista o barroco aspira solo a ser original en la creación del lenguaje literario, no en el desarrollo de unos temas que siempre son los mismos.

Otro problema muy distinto es saber si Quevedo sentía o no lo que componía; él expuso en una famosa carta: «No sé lo que digo, aunque siento lo que quiero decir...»; esto significa que Quevedo escribía para comprender su sentimiento amoroso; por ello, buscaba, entre los tópicos que le ofrecía la tradición, los más adecuados a fin de racionalizar lo que albergaba en su interior y hacerlo comprensible. Resulta entonces que componer poemas es una forma de pensar, una manera de entender la realidad. Y quizá Quevedo nunca estuvo tan pasionalmente arrebatado por el amor como él sugiere en sus poemas, pero lo que sí es seguro es que todas las ideas que conecta por medio de sus versos las transformó en emociones y en sentimientos, solo percibidos una vez escritos. Quevedo piensa por medio de su poesía: y ama y sufre y muere porque lo ha escrito en sus poemas. Quevedo lo que no ha vivido realmente, lo ha intuido desde el sueño de su conciencia: «Los que bien se quieren [...] entre sueños razonan y por señas se entienden».

No importa averiguar quiénes eran la Fili, la Flora, la Floralba o la Aminta de sus poemas; quizá ni siquiera estos nombres poéticos encubrieran a personajes femeninos que él pudiera conocer. Pero lo cierto es que Quevedo las hizo existir en su poesía, las sintió vivir en los conceptos con que las definió, las pudo amar con toda la intensidad de las bellas imágenes con que a ellas se refirió.

Cima de toda esta forma de pensar y de sentir escribiendo es su conjunto poético *Canta sola a Lisa, y la amorosa pasión de su amante* (véanse poemas 22-32). Son setenta y un poemas dirigidos a una sola mujer; en ellos Quevedo investiga no solo los sentimientos concretos amorosos, sino las reacciones originadas por el amor y por el desarrollo consiguiente de una historia sentimental, tejida en una vida dedicada nada más que a amar.

Esta idea de perseguir un argumento amoroso como medio de analizar los sentimientos de los amantes proviene de Petrarca y de su *Canzoniere;* ahora bien, Quevedo añade una importante variación: si el desarrollo de ese amor se realiza en un transcurso temporal, estará abocado, de forma inevitable, a una terrible muerte, que significa la destrucción de toda pasión humana, incluida la amorosa. Pero Quevedo buscará la forma de poder superar y vencer esa muerte a través de su poesía; querrá, obsesivamente, dibujar un amor que pueda sentir eterno e ilimitado. Este sufrimiento, que atenaza las imágenes de varios poemas, permite comprender cómo Quevedo podría sentir emociones, que quizá no tuvieran vinculación con ninguna experiencia real. Él imagina cada una de las situaciones decritas: así, por ejemplo, se sabe morir, intuye su muerte y, desde ella, intenta rescatar el afecto amoroso que había animado su vida (poemas 22, 23 y 24); Quevedo conoce, también, que ha de procurar romper la linealidad temporal de su existencia y es capaz, para ello, de concebir mágicos instantes de belleza poética, tan intensa, que quedarán fijados como sentimientos, cuya duración ilimitada se representa por la estructura circular del poema (observése cómo, en el poema 26, Quevedo queda atrapado en los rizos dorados de Lisi: la impresión de eternidad que arrebata al poeta se explica en las historias mitológicas allí aludidas).

Esta exploración del amor, de sus efectos y contradicciones, le conduce, por otra parte, a analizar la situación contraria: el arrepentimiento amoroso; recuérdese que el Barroco es un arte de totalidad expresiva, y, así, junto a la perfección de amar debe situarse el polo opuesto: la destrucción que ese amor causa en el hombre. Quevedo descubre, entonces, una nueva faceta de su desengaño personal: todo el neoestoicismo aprendido en los tratados filosóficos asoma en sus versos y le advierte del «camino equivocado» en que anda perdido (poemas 30 y 31). El arrepentimiento religioso muestra aquí su dimensión más profunda.

Esta poesía amorosa repite, de manera insistente, imágenes y tópicos de esas tradiciones literarias que Quevedo ha tenido que asumir. El vocabulario responde, así, a los códigos impuestos por el amor cortés (poemas 1 y 2) y por la poesía de cancionero (poemas 7 y 8). La originalidad compositiva debe buscarse solamente en las estructuras poéticas: en este sentido, cada poema es diferente porque en cada uno de ellos habita una idea distinta, desarrolla un pensamiento exclusivo. No se olvide: Quevedo piensa mientras compone los poemas. De este modo, resultan frecuentes las anáforas: con ellas, el autor expone ordenadamente sus reacciones sentimentales y las hace comprensibles (poema 2). Quevedo, sobre todo, lo que quiere es definir ese amor que busca sentir: será, entonces, cuando la enumeración se proyecte como la forma más adecuada para desarrollar unas ideas, en principio ininteligibles, pero luego ya asumidas, porque el poema ha permitido razonarlas (poema 4). O bien Quevedo, asombrado por la fuerte contradicción de sentimientos que lo animan, descubre, en las antítesis, recursos con los que concretiza perfectamente su mundo interior (poema 6). Hay ocasiones en que el autor se halla más serenado: construye, entonces, ficciones poéticas, como la de imaginar el cadáver de un amante reducido a polvo y encerrado en un reloj de vidrio (poema 9) o la de plantear la queja de una mujer, cuya belleza ha sido ya marchitada por el tiempo, convertida en recuerdo del que sigue enamorado el amante (poema 10); en todos estos casos, la estructura de las composiciones es extensa, ya que Quevedo, más que adivinar la verdadera realidad de sus emociones, lo que hace es reflexionar sobre las causas y circunstancias que envuelven la relación amorosa de los seres humanos: estos poemas son meditaciones, muchas de ellas de tipo moral, que manifiestan la profundidad de ideas a que el autor puede llegar en su investigación poética.

La poesía metafísica y moral: la angustia barroca

El espíritu erasmista del humanismo del siglo XVI y la reforma religiosa constituyen los pilares que permiten la renovación de las ideologías y del pensamiento europeo del siglo XVII. Aunque España, en esta época, se cierra a las corrientes intelectuales de Europa, no resulta extraño que Quevedo conecte con este movimiento de racionalización espiritual, puesto que su trabajo al servicio del duque de Osuna le permitió viajar por Francia e Italia. Pudo conocer, así, la corriente de poesía metafísica que, desde Inglaterra, se extendía por el continente, cuajando en algún autor alemán. Son muy significativos los paralelismos de ideas y temas entre Quevedo y algunos autores ingleses como John Donne (1572-1631) y George Herbert (1593-1633); por ejemplo, el primero formula su existencia desde la realidad de la muerte:

... pues soy todas las cosas muertas...
... una quintaesencia de la misma nada...
... y soy reengendrado
de ausencia, tiniebla, muerte: cosas que no son.

Conceptos también presentes en los poemas 33-35 de Quevedo. A su vez, John Donne intenta comprender la experiencia del amor desde la existencia de la propia muerte:

Mas fuera lo que fuera su intención,
enterradlo conmigo, pues, dado que soy mártir
de amor, causar podría idolatría
si esta reliquia fuera a ajenas manos.

En esta línea, el germano Martin Opitz concibe el tiempo como una imagen anticipada de la muerte (igual que Quevedo en poemas 36 y 37):

Vivís el tiempo, pero no conocéis el tiempo:
así no sabéis, ¡oh hombres!, de qué sois y en qué estáis...

Existe, pues, una comunidad de ideas que pueden llamarse metafísicas, porque a través de ellas el poeta profundiza en las verdaderas razones de su existir y en los motivos de la creación y destrucción del ser humano. Por primera vez en la cultura occidental, el hombre se sitúa ante la angustia de la muerte e intenta comprender los términos de esa terrible realidad; para ello, analiza los límites temporales de su existencia, descubriendo que la vida del hombre es, en sí misma, imagen anticipada de esa muerte inevitable; resulta, entonces, que vivir es morir, que el hombre, desde que nace, empieza a moverse hacia la sepultura, y que las edades en que se desarrolla la vida humana son plazos fatales que se van cumpliendo de un modo inexorable.

Vida más tiempo es igual a muerte. Tres vértices de un triángulo que atrapa a Quevedo y que él quiere resolver a través de sus poemas. Escribir esta poesía metafísica le permite plasmar con claridad las contradicciones angustiosas que atormentan su alma; solo después podrá razonarlas y aplicar sobre ellas el complejo entramado filosófico, aprendido en sus primeros años de formación. Séneca, el neoestoicismo y la sofística serán tres cauces que proporcionarán a Quevedo argumentos intelectuales para asimilar la idea de destrucción vital a que está condenado.

Resulta, así, posible dibujar en el poeta un singular proceso: 1) Quevedo parte de la consideración de que está viviendo anticipada su muerte; él es «presentes sucesiones de difunto» distribuidas en una «breve jornada», toda llena de «engaños» (poemas 33-36); 2) ello conduce a la idea de que si es cierto que el hombre vive su muerte, lo que debe procurar es vivirla con entera dignidad y aceptar esa muerte, no como un acto de destrucción, sino como una nueva realidad que debe comenzar: «mi vida acabe y mi vivir ordene» (poemas 37-38); 3) la consecuencia última es que la salvación espiritual puede verse ya anticipada en los límites mortales de la propia vida: esta debe entenderse como un continuo *escarmiento*, para que el hombre no equivoque su camino (poema 39).

Es lógica esta solución religiosa. Recuérdese que los tratados de Quevedo en «prosa seria» no son más que comentarios religiosos aplicados a la política y a la filosofía. Esta es la actitud que define la visión moral con la que podrá aplicarse a observar los males y los vicios de su época: la idea que subyace en estos poemas es que si la vida del hombre carece de realidad, menos sentido tendrán aún la vanidad, la adulación (poema 41), las riquezas (poema 42), el poder (poema 43), el orgullo y la pretensión social (poema 44): si todo es tiempo —piensa Quevedo en los poemas 45 y 46—, nada de lo que el hombre logre podrá sobrepasar los límites de su vida. Todas estas reflexiones conducen a una postura de escepticismo, profundamente pesimista: solo la lectura y el estudio (poema 40) estimulan al autor para seguir sintiéndose vivo.

Desde un punto de vista formal, los poemas metafísicos y morales muestran un estilo diferente del de los poemas amorosos. Se mantienen las estructuras basadas en antítesis y oposiciones como medio de reflejar la contradicción que habita al poeta. Pero en estos poemas Quevedo habla consigo mismo, monologa con su propio existir y lo hace de modo coloquial, logrando instantes de total comunicación, en que prescinde del aparato retórico de la tradición literaria. Crea endecasílabos que constituyen directísimos pensamientos, extraídos de lo más hondo de su conciencia:

> Vivir es caminar breve jornada.
> ¡Ah de la vida!... ¿Nadie me responde?
> Huye sin percibirse, lento, el día.

Aun así, en esta poesía de tan alta concentración espiritual, un procedimiento poético destaca por encima de los demás recursos formales: el *concepto,* piedra angular de la poesía barroca europea.

Baltasar Gracián, en el discurso II de su *Agudeza y arte de ingenio*, indica que «el concepto es un acto del entendimiento que exprime la correspondencia que se halla entre los objetos», es decir, el concepto establecerá conexiones intelectuales entre realidades diferentes. Toda la poesía barroca resulta, así, conceptista, incluso la de Góngora, que solo difiere de la de Quevedo en la naturaleza lingüística (más culta en el poeta cordobés) de los puentes con que relaciona los objetos poéticos.

Los poemas metafísicos de Quevedo formulan los conceptos más estremecedores de su obra literaria: piénsese en que el poeta se afana obsesivamente por trazar imágenes y metáforas con que fundir vida y muerte en una misma existencia, con que definir, en suma, el desasosiego continuo a que el tiempo lo somete. De hecho, podría afirmarse que cada poema es un concepto, estructurado en unidades menores que, a su vez, siguen siendo conceptos surgidos del que proporciona el tema a la composición.

La poesía religiosa: el arrepentimiento sincero

Quevedo escribió unos cincuenta poemas religiosos a lo largo de su vida: son formulaciones en las que él demuestra su perfecto conocimiento de los asuntos bíblicos y evangélicos, y las reflexiones a las que se entregaba sobre alguno de estos temas: véase, por ejemplo, el poema 48, donde comenta una frase de Cristo, o cómo en el poema 49 reconstruye una escena del Nuevo Testamento, para explicar su significado.

Quevedo no llega a la intensa emoción de los arrepentimientos de las *Rimas sacras* Lope de Vega, y ello es debido, sobre todo, a la continua teorización que despliega en esta poesía, incluso cuando ofrece su propio caso como ejemplo; así cierra un soneto en que considera lo que el hombre le debe a Dios:

> Pues si añadió el morir por darme vida,
> en este enlace agotaré el guarismo;
> mas fueme su piedad tan socorrida,
> que porque satisfaga a tanto abismo
> de beneficios, se me dio en comida:
> y así, por mí, fue paga de sí mismo.

Esta frialdad es solo apariencia intelectual, como lo revela uno de los más impresionantes testimonios de la poesía religiosa de todos los tiempos: su *Heráclito cristiano y segunda arpa a imitación de la de David*, conjunto de veintiocho poemas surgidos de una grave crisis personal que afectó a Quevedo a los treinta y dos años. En el prólogo que antecede a las composiciones, renuncia a sus primeras obras de juventud, dictadas, como él señala, por «el apetito, la pasión o la naturaleza». Porque lo que el autor busca aquí es a un hombre nuevo en la vida desorientada que llevaba:

> Un nuevo corazón, un hombre nuevo
> ha menester, Señor, el alma mía:
> desnúdame de mí, que ser podría
> que a tu piedad pagase lo que debo.

Es esa búsqueda la que lo lleva a las posiciones más amargas de su desengaño (poema 51) y a vislumbrar desde él la completa y absoluta realidad de su morir en vida:

> Y no hallé cosa en que poner los ojos
> que no fuese recuerdo de la muerte.

Una muerte a la que llama (poema 50), de la que no se aflige (poema 52) porque sabe que de ella nadie podrá escapar (poema 53). Una muerte que destina la vida del hombre a ser una continua suma de arrepentimientos forzosos (poema 54).

De toda su poesía, la religiosa es la que consigue una exposición más clara y directa del asunto propuesto. Quevedo no somete estos poemas a complicadas construcciones formales ni se preocupa por lograr sorprendentes efectos de expresión retórica. Solo en el *Heráclito cristiano* formula con conceptos sus pensamientos poéticos.

**La poesía lírica y circunstancial:
el Barroco convertido en belleza y gala formal**

Hay ocasiones en que la poesía barroca no es más que un mero pretexto para construir planos de realidad superior, niveles de ilusionismo, que, en última instancia, funcionan como válvulas de escape de la concreta y negativa circunstancia social.

Lo barroco de esta poesía se percibe en el cuidado de la expresión, en el intenso trabajo estilístico con el que cada composición llega a adquirir las dimensiones de un objeto artístico: igual que un cuadro o una estructura o una pieza musical.

Ese objeto poético debe contener, en sus propios límites formales, las claves y los resortes necesarios para posibilitar la reconstrucción de la realidad a la que alude y a la que sustituye de hecho.

Estos temas poéticos pueden parecer, entonces, superficiales, carentes de cualquier preocupación moral y humana. Pero es precisamente esa oquedad, ese vacío de contenido, lo que se perseguía: el poema lírico es, nada más y nada menos, que un brillante estallido de conexiones conceptuales, por las que es posible transportarse a otro mundo de experiencias, siempre intemporal y eterno. Quizá esa ruptura de los límites de espacio y de tiempo sea la característica más representativa de este dibujar con los versos, esculpir con las figuras retóricas, musicar con el ritmo poético.

Obsérvese, por ejemplo, cómo Quevedo dedica dos poemas (el 55 y el 56) a describir y a intentar penetrar en lo más esencial de dos aves: el jilguero y el ruiseñor; para ello, selecciona dos conceptos representativos de la realidad de esos seres: del jilguero su canto y del ruiseñor su tamaño diminuto; por eso, para inventar poéticamente cada una de esas sensaciones, elige la estrofa más adecuada: la letrilla que, por su longitud y repetición del primer grupo estrófico, propiciará la imitación del trinar del jilguero, mientras que la décima, por su brevedad, sabrá contener y condensar, en su complicado entramado de rasgos formales, la reducida belleza de un ruiseñor.

Como se comprueba, la pretensión de esta poesía no es otra que la de *re-crear* la realidad aludida, confiriéndole la belleza formal, desprendida del artificio lingüístico y retórico que es capaz de construir el autor.

Y, por supuesto, la mitología será el campo más abundante de referencias temáticas, a las que acudirán todos los autores barrocos en búsqueda de materia argumental. Piénsese que los personajes y argumentos mitológicos suponen ya, por sí mismos, ese nivel de realidad superior al que el poeta quiere trasladarse, a fin de convertir su experiencia vital en belleza poética y en sentimiento eterno. Sucede, claro está, que muchos de estos temas mitológicos pueden interpretarse desde una perspectiva moral (como se hizo en la Edad Media) o permiten plantear estructuras para que el hombre pueda observar su realidad, enmarcada en ese idealismo propuesto (caso del Renacimiento y de las églogas garcilasianas). Pero en el Barroco ello no es posible: solo la dimensión ilusionista interesa y, así, cuando Quevedo *reconstruye* las historias de Hero y Leandro (poema 57) o de Dafne y Apolo (poema 58), ni busca fijarse en los sentimientos concretos de los personajes mitológicos ni quiere derivar significaciones alegóricas del argumento amoroso expuesto; las dos narraciones conforman, nada más, fórmulas de evasión, con las que el autor convierte sus sentimientos internos en planos de belleza artística.

Diferentes resultan, por su sentido y construcción, los poemas de circunstancia: en ellos sí es posible la reflexión moral, ya que se enjuician los efectos destructivos del tiempo en torno a los personajes y realidades recordadas (poemas 59 y 62); incluso caben reflexiones políticas si la figura histórica descrita era conocida de Quevedo, como en el caso del duque de Osuna (poema 60).

La poesía satírica: la invención lingüística de la realidad

Casi la mitad de la producción poética de Quevedo es satírica. Ello desmuestra su honda preocupación por una serie de males sociales y de problemas de moralidad política a los que aplicó el prodigioso bisturí de su capacidad lingüística, a fin de descubrir la verdadera realidad de esas situaciones negativas.

No debe creerse, de todos modos, que Quevedo actúa como un moralista que denuncia vicios y defectos para extirparlos y corregirlos. No hay ni una sola poesía satírica en que Quevedo indique cuáles deben ser las soluciones que han de aplicarse a cada circunstancia censurada. En parte, ello es debido a que el propio autor carecía de visión moral, completa y uniforme, de donde pudiera extraer los remedios para los males que intuía.

Quizá por este motivo esta poesía de Quevedo resulte hueca y superficial en su apariencia externa, ya que parece que al autor le bastaba con retratar unas figuras representativas de su época y que se conformaba con aludir a genéricas actitudes de clases sociales. Pero es que la profundidad barroca de Quevedo consiste precisamente en esto: *desmontar las fingidas formas exteriores de las realidades y personajes criticados para mostrar su terrible vacío y su carencia absoluta de cualquier virtud o dignidad*. Y ningún procedimiento más adecuado para lograr transmitir esta sensación que renunciar desde el principio a la corrección de esas desviaciones sociales: Quevedo intuye que no puede plantear siquiera una crítica constructiva, así que renuncia a ella y se aplica, solamente, a describir y a caracterizar personajes de seria apariencia, pero de vacía realidad. Logra, de esta manera, que los objetos y seres satirizados manifiesten por sí mismos su oquedad, su completa falta de personalidad y de identidad moral. No es Quevedo quien lo dice, sino que son sus poemas quienes lo muestran.

Y en esto radica la más impresionante característica del arte verbal de Quevedo: *la invención lingüística* a que somete lo que poetiza.

En su poesía todo se convierte en distinto de sí mismo, todo se formula nuevamente; no hay ningún ser ni ninguna realidad ni ningún objeto que no alcancen un significado contrario al que poseían por sí mismos, antes de ingresar en los límites poéticos dibujados por Quevedo.

La maquinaria formal de su poesía satírica constituye un prisma que transforma y transfigura las normales dimensiones del ser y del existir humanos; después de este proceso de fragmentación, una vez deshechas las aparentes circunstancias de esa realidad, Quevedo las reconstruye a través de la estructura poética que propone en cada estrofa. De esta manera, el poema viene a representar la radiografía de lo criticado: el plano por el que el lector puede asomarse a presenciar las grotescas y ridículas máscaras con que la sociedad desfila ante sí misma.

En este sentido, resulta posible encontrar paralelismos entre *El Buscón*, las fantasías morales de los *Sueños* y esta poesía; quizá, el mayor parecido radique en la creación de unas figuras concretas, elegidas para criticar actitudes genéricas de toda la sociedad: la hipocresía, el engaño, la falsedad, la inmoralidad, la riqueza, el afán de poder, el orgullo social, etc. Esas figuras asumen los comportamientos negativos de diversas clases sociales y desmontan, a través de su caricatura, la aparente validez de unas determinadas formas de ser y de pensar: es decir, que por medio de los médicos, los cornudos, las viejas, los pasteleros, los negros, las damas pedigüeñas, los hombres narigudos, puede presenciarse el verdadero fondo moral de la España del siglo XVII, una situación social que es inventada lingüísticamente en cada uno de los poemas.

Desde el punto de vista estilístico, las composiciones satíricas de Quevedo ofrecen la gama más amplia de recursos formales, potenciados en todos los niveles de la expresión idiomática:

1. *Vocabulario:* Quevedo exprimía los significados de las palabras hasta volverlos del revés, obligándolos a referirse o a representar nuevas realidades. Con sus grandes conocimientos léxicos ejercía un completo dominio sobre todos los registros expresivos: desde las jergas del hampa hasta las líricas metáforas, desde las frases más vulgares y soeces hasta las más concentradas imágenes de belleza plástica.

Cada objeto, cada idea, cada personaje son filtrados por el colador de su imaginación léxica, adquiriendo nuevas dimensiones y formas, que son precisamente las que Quevedo intuía al poetizar esa realidad. Por ejemplo, la décima 80 dibuja a un mosquito y, para ello, el poeta acumula definiciones conceptuales de tipo mitológico y de tono jocoso, creando una red de significados que reproduce las sugerencias imaginativas que a Quevedo le inspiraba ese «mosquito».

Llega a tal extremo su capacidad de *re-creación* léxica que Quevedo debe inventar nuevas palabras para poder referirse a las asociaciones significativas que él encuentra en la realidad externa. Muchas de ellas han ingresado en el habla coloquial, pero la mayoría se perdieron porque pertenecían a la peculiar visión con que el autor construía sus imágenes poéticas. Así, la primera edición del *Diccionario de Autoridades* (1713) acogió estos neologismos, pero en una segunda impresión hubo de suprimirlos.

El mayor número de invenciones léxicas son de tipo parasintético y se originan en la creación paródica de sufijos y prefijos de sustantivos normales; por ejemplo, Quevedo escinde la palabra «mariposa» en «mari» «posa» y utiliza cada uno de estos dos términos para construir nuevos vocablos que llevarían incorporada la sustancia semántica de «mariposa»: por ello «diabliposa» o «marivino» mostrarán formas diferentes de una misma realidad; incluso los juegos de palabras surgirán de conexiones que unirán estas voces inventadas: de «sacamuelas», «saca-agüelas», o de «pretendientes», «pretenmuelas».

2. *Sintaxis:* Estas dislocaciones afectan también a los elementos constitutivos de la oración. Quevedo fue un genio en descoyuntar frases hechas, extrayéndoles su tópico significado para dispararlas hacia nuevas dimensiones semánticas; así, en vez de «misa de difuntos» puede decir «paliza de difuntos», o en vez de «alma en pena» puede construir «marido en pena». Estos nuevos sintagmas están dotados de una mayor sugerencia significativa, porque quiebran expresiones comunes, sustituyéndolas por sentidos completamente diferentes, como el elogiar las «Hermosas narices mías» de una dama.

En estas burlas sintácticas hay que incluir las parodias de fórmulas épicas y de tópicos del Romancero: el poema 101 comienza con un verso de un romance, «Medio día era por filo», violentado en el verso siguiente, porque Quevedo aprovecha un segundo significado de «filo» para escribir «que rapar podía la barba».

3. *Marcas retóricas:* Las invenciones léxicas y los desvíos sintácticos solo logran la efectividad deseada cuando Quevedo los introduce en las estructuras paródicas que sabe crear con cada estrofa. Porque también las figuras y las licencias poéticas ayudan a este proceso.

La hipérbole es el recurso más utilizado: hay poemas enteros (el 64, el 82, el 83) que se construyen mediante la continua acumulación de exageraciones y violentaciones semánticas. Si la hipérbole es ordenada con una anáfora verbal, aumenta notoriamente su capacidad argumentativa, porque el lector va sumando las definiciones con que Quevedo destruye los límites normales de esa realidad.

Las prosopopeyas le permiten a Quevedo proponer perspectivas de presentación indirecta: por ejemplo, en el poema 84, es el candil que alumbraba los estudios de un médico el que habla. Las personificaciones se conciben con este propósito: en el poema 86, tres mulas de tres médicos y la jaca de un barbero comentan la vida desastrada que llevan, mostrando de esta manera la verdadera realidad de sus amos. Las inscripciones funerarias o epitafios, como el del poema 85, cumplen la misma función.

La enumeración es técnica que le permite a Quevedo fragmentar la realidad satirizada: los poemas del epígrafe «De mosquitos» (77-80) se construyen con este recurso: múltiples significados parciales se acumulan para generar uno nuevo. La enumeración puede potenciarse con una anáfora acumulativa, que, si es adverbial, será más efectiva, como en el poema 91, en donde el adverbio «más» asociado a un adjetivo va ordenando las referencias paródicas con que se presenta a la dueña.

Las dilogías, los juegos de palabras y los calambures propician la alusión a significados nuevos que se integran en la estructura general del poema, desmontando el tema inicial. Por ejemplo, en el poema 95, casi todas las palabras poseen un doble sentido según las pronuncie el galán o las entienda la dama; ello descubre, al mismo tiempo, el hueco y artificioso lenguaje de los enamorados. Estos juegos de palabras pueden potenciarse con antítesis: ello es frecuente, sobre todo, en las letrillas satíricas, donde Quevedo alterna opuestos significados para mostrar el haz y el envés de toda realidad; así en la letrilla 97 diferencia a la gallina y a la mujer «en que ellas saben *poner* / nosotras solo *quitar*». Las antítesis arrastran, muchas veces, creaciones léxicas: «cuando tomo, *Mariquita* / cuando da, *Maritomé*».

Pero es fundamental el recurso de la dilogía a la hora de satirizar paródicamente los mitos: Hero y Leandro, en el poema 100, son destrozados significativamente por la serie de palabras con doble sentido con que Quevedo los describe y narra su historia amorosa.

Las metáforas degradantes actúan también de esta manera: descubren nuevos valores semánticos entre el término real y el imaginario; Leandro, en el anterior poema, es «bajel», «pescado» y «amante huevo», mientras que Hero es «chicota», «corita» «y muy rollo»; planos semánticos todos ellos que distorsionan la primera imagen idealizada de los personajes mitológicos. Igual sucede con los héroes épicos en el poema 101.

Todos estos recursos estilísticos pretenden, por tanto, construir un *argumento desrealizador,* siempre con la finalidad de jugar lingüísticamente con el idioma, pero también con la pretensión de apuntar al centro de los errores y vicios sociales más comunes para descubrirlos.

Quevedo, en su poesía satírica, anticipa las negras y grotescas figuras de Goya más las esperpénticas procesiones de seres alucinados de Valle-Inclán. Su desengaño es, así, no la postura de un hombre o el valor de una época, sino la síntesis de toda una cultura, la hispánica, inmodificable en sus más sombrías actitudes.

Bibliografía fundamental comentada

ò

a) Bibliografía

CROSBY, James O.: *Guía bibliográfica para el estudio crítico de Quevedo*, Londres, Grant & Cutler, 1976.

Este repertorio, con su largo millar de entradas (1066), sigue siendo el obligado punto de partida para el conocimiento de los distintos temas generales que afectan al estudio de este autor. Puede complementarse con los siguientes balances bibliográficos:

SOBEJANO, Gonzalo: «Bibliografía de Quevedo», en *Francisco de Quevedo*, Madrid, Taurus, 1978, pp. 381-389.
JAURALDE POU, Pablo: «Addenda a Crosby», en *Cuadernos Bibliográficos*, 38 (1979), pp. 153-158.
— «Noticias de los manuscritos quevedianos en la British Library», en *Varia bibliographica. Homenaje a José Simón Díaz*, Kassel, Reichenberger, 1988, pp. 387-396.
BALCELLS, José M.ª: «Francisco de Quevedo y Villegas (ediciones y estudios)», en *Nueva Revista de Enseñanzas Medias*, 2 (1983), pp. 111-115.
IFFLAND, James: *Quevedo and the Grotesque*, Londres, Támesis Books, 1978 (vol. I) y 1983 (vol. II).

Con todo, las dos mejores sistematizaciones de los diversos estudios publicados sobre la obra de Quevedo, a las que se debe de acudir necesariamente para conocer el estado de la cuestión sobre cualquier punto, son:

JAURALDE POU, Pablo: «6. Quevedo», en *Historia y crítica de la literatura española. Siglos de Oro: Barroco*, coord. de Bruce W. Wardropper, Barcelona, Crítica, 1983, pp. 534-551.

SCHWARTZ LERNER, Lía: «6. Quevedo», en *Historia y crítica de la literatura española 3/1. Siglos de Oro: Barroco. Primer suplemento*, coord. de Aurora Egido, Barcelona, Crítica, 1992, pp. 300-320.

b) **Ediciones**

El Parnasso español, monte en dos cumbres dividido, con las nueve musas castellanas, donde se contienen poesías de don Francisco de Quevedo y Villegas, caballero de la Orden de Santiago, y señor de la Torre de Juan Abad, que con adorno y censura, ilustradas y corregidas, salen ahora de la librería de don Josef Antonio González de Salas, Madrid, Pedro Coello, 1648.

En realidad, quien mayor empeño puso en salvar la obra poética de Quevedo fue el impresor Pedro Coello, a quien se deben las primeras diligencias para que no se perdiesen los papeles manuscritos de Quevedo, tras su fallecimiento en 1645. A lo que se ve, después se los encomendó a González de Salas para que los ordenara. Quizá este editor se permitiera introducir algunos cambios significativos (por ejemplo, la mención que de sí mismo hace en el n.º 40, v. 11), aunque la mayor parte de la crítica ha elogiado su escrupulosa selección de las distintas versiones poéticas que pudieron caer en sus manos.

Las tres musas últimas castellanas. Segunda cumbre del Parnasso español de don Francisco de Quevedo y Villegas, caballero de la Orden de Santiago, señor de la villa de la Torre de Juan Abad. Sacadas de la librería de don Pedro Aldrete Quevedo y Villegas, Madrid, Mateo de la Bastida, 1670 [hay ed. facsímil preparada por Felipe B. Pedraza y Melquíades Prieto, Madrid, Univ. Castilla-La Mancha y Edaf, 1999].

El sobrino de Quevedo no poseyó el talento de González de Salas para editar la poesía de su tío. Sin embargo, a él llegaron versiones manuscritas que no fueron dadas a conocer en 1648 y que contaron aquí con la oportunidad de ver la luz.

Obra poética, ed. de José Manuel Blecua, Madrid, Castalia, 4 vols.: I (1969; 2.ª ed.: 1985), II (1970), III (1971) y IV (1981; 2.ª ed.: 1985).

Considerada la ed. vulgata de la poesía de Quevedo. Por primera vez se realizó un recuento meticuloso de la tradición manuscrita e impresa de cada uno de los poemas de este autor. Blecua anota variantes textuales de 166 manuscritos, más noventa impresos hasta 1967, reuniendo 875 composiciones. El tomo IV recoge los entremeses, los conatos de comedia que de Quevedo se conservan y sus traducciones poéticas. Constituye, obviamente, el punto de partida de cualquier antología como la que aquí se ofrece.

Poesía original completa, ed. de José Manuel Blecua [1.ª ed., 1963; 2.ª ed. 1968], Barcelona, Planeta, 1981.

Reproduce, con el mismo orden, la ed. mayor de cuatro volúmenes, suprimido el aparato crítico.

c) **Antologías**

Flores de poetas ilustres de España, ed. de Pedro Espinosa, Valladolid, Luis Sánchez, 1605 [Edición moderna: Juan Quirós de los Ríos y Francisco Rodríguez Marín, Sevilla, 1896].

Fue la primera recopilación en que se publicaron poemas de Quevedo. En total, dieciocho textos fueron impresos en esta ocasión. También en 1605 aparecieron unos pocos romances en *Segunda parte del Romancero general* de Miguel de Madrigal.

Poemas escogidos, ed. de José Manuel Blecua, Madrid, Castalia, 1972.

Reúne doscientos poemas, divididos en cuatro secciones: 1) Poemas filosóficos, religiosos y morales, 2) Poemas amorosos, 3) Canta sola a Lisi y 4) Poemas satíricos y burlescos.

Poesía varia, ed. de James O. Crosby, Madrid, Cátedra, 1981.

Reúne 161 textos, siguiendo las eds. de González de Salas y de Aldrete, ofreciendo, en algunos casos, dos versiones de un mismo poema. Son valores destacados de esta edición el abundante aparato de notas y los comentarios que siguen a cada poema.

Antología poética, ed. de Ana Suárez Miramón, Barcelona, Plaza & Janés, 1984.

Con las mismas categorías clasificatorias de Blecua, se ofrecen doscientos poemas, destacando de este volumen la entrada bibliográfica con que se acompaña cada texto.

Antología poética, ed. de Pablo Jauralde Pou, Madrid, Austral, 1986.

Destaca de la introducción el análisis de Quevedo como poeta (pp. 27-61), con una abundante ejemplificación de sus recursos poéticos. La ordenación temática se atiene a los criterios de Poesía grave, amorosa y festiva.

Poesía selecta, ed. de I. Arellano y L. Schwartz, Barcelona, PPU, 1989.

De la introducción sobresale la descripción del marco literario en que debe inscribirse la poesía de Quevedo, valorada desde la perspectiva de la *imitatio;* es notable el análisis que se efectúa de los códigos poéticos y del universo imaginario. La antología, profusamente anotada, se divide en cuatro secciones: poemas metafísicos, amorosos, satíricos, con un último apartado dedicado al «Poema heroico de las necedades y locuras de Orlando» (pp. 371-422).

Poesía moral (Polimnia), ed. de Alfonso Rey, Londres, Támesis, 1992.

Importa por la ordenación que realiza de los poemas y la valoración del contenido de esta poesía. El título procede de la distribución efectuada por González de

Salas a este conjunto poético de 112 piezas, cuyas variantes anota con escrúpulo.

Un Heráclito cristiano, Canta sola a Lisi y otros poemas, ed. de Lía Schwartz e Ignacio Arellano, Barcelona, Crítica, 1998.

La edición va precedida de un estudio monográfico centrado en la estética de la agudeza y el ingenio, tras el que se valoran la vida, el ambiente, la cultura del poeta, así como los géneros, fuentes y contextos de que se sirve; la distribución de los poemas se ajusta a la división original en forma de «musas» —aquí representadas Polimnia, Clío y Erato—; a este conjunto se añade el *Heráclito* completo y una amplia representación de los poemas satíricos y burlescos, ordenados por formas métricas: sonetos, letrillas y romances. Como es habitual en las ediciones de esta colección, el trabajo filológico y los comentarios eruditos se encierran en un nutrido aparato de «Notas complementarias» (pp. 677-1019).

Antología poética, ed. de José María Pozuelo Yvancos, Madrid, Biblioteca Nueva, 1999.

Uno de los mejores conocedores de la poesía y de la poética barrocas; reúne ciento treinta y cinco poemas, divididos en tres categorías: morales y religiosos, amorosos y satíricos, analizados mediante una abundante anotación.

Poesía satírico burlesca de Quevedo. Estudio y anotación filológica de los sonetos, ed. de Ignacio Arellano Ayuso, Vervuert, Univ. de Navarra-Iberoamericana, 2003.

En su «Primera parte» se ofrece una de las exploraciones más rigurosas y completas sobre la poesía satírica de Quevedo (pp. 13-345), incidiendo sobre todo en los recursos formales y en los contextos y las figuras que podía tener presente el autor; la edición recoge 844 sonetos, con abundante anotación en que se comentan los motivos temáticos y los rasgos estilísticos.

c) Estudios

Solo se recogen aquí aquellos trabajos centrados en el conjunto de la poesía de Quevedo, descartándose, por tanto, los estudios particulares sobre poemas concretos o aspectos singulares de esta obra poética.

ALARCOS GARCÍA, Emilio: «Quevedo y la parodia idiomática», en *Archivum*, 5 (1955), pp. 3-38.
Explicación descriptiva de los distintos recursos de invención lingüística que emplea Quevedo en su obra. Destacan los análisis centrados en la lexicografía debida al poeta, así como las transformaciones semánticas a que somete a las palabras.

ALONSO, Dámaso: «El desgarrón afectivo en la poesía de Quevedo» [1950], en *Poesía española*, Madrid, Gredos, 1966[5], pp. 495-580.
Con Quevedo, D. Alonso ejemplifica el método estilístico del análisis del significado poético, tan similar, en resultados, al de Fray Luis de León y al de San Juan de la Cruz. Pretendía «escudriñar de nuevo en ese punto concretísimo en donde se efectúa la ligazón

entre el concepto (modificación del mundo espiritual) y su correspondencia fonética (modificación del mundo físico)», p. 497.

ARELLANO AYUSO, Ignacio: *Poesía satírico-burlesca de Quevedo,* Pamplona, EUNSA, 1984.

Aportación estimable a la ingente tarea de descodificar muchos de los pasajes oscuros de esta poesía, de claro cariz conceptista. Contiene explicaciones temáticas, lingüísticas y culturales de los poemas satíricos, editados y anotados en este mismo libro.

— «Varias notas a lugares quevedianos: fijación textual y crítica filológica», en *La edición de textos. Actas del I Congreso de la A.I.S.O.,* Londres, Támesis Books, 1990, pp. 121-131.

Determina cuáles son las vías de análisis para interpretar los dobles juegos de sentido con que Quevedo construye sus conceptos.

ARELLANO AYUNO, Ignacio, y Jean CANAVAGGIO, eds.: *Rostros y máscaras: personajes y temas de Quevedo (Actas del Seminario celebrado en la Casa de Velázquez, 8-9 febrero 1999),* Pamplona, EUNSA, 1999.

Se reúnen en estas actas diez trabajos, de los que dos se centran en la poesía de Quevedo: Alessandro Martinengo analiza un soneto burlesco en el que se degrada el mito de Dánae (pp. 107-117) y José M.ª Pozuelo Yvancos considera las «Formas de la invención en la poesía de Quevedo» (pp. 119-131).

CÁNOVAS, Marcos, *Aproximación al estilo de Quevedo,* Kassel, Edition Reichenberger, 1996.

El cuarto de sus capítulos se centra en la poesía de Quevedo (pp. 229-332), considerando los aspectos fonéticos de la misma (incide, sobre todo, en la función mimética) y la adecuación entre sintaxis poética y contenido temático.

CARREIRA, Antonio: «La poesía de Quevedo: Textos interpolados, atribuidos y apócrifos», en *Homenaje a Antonio Vilanova*, Barcelona, PPU, 1989, I, pp. 121-135.

El análisis se centra, sobre todo, en poemas satíricos. Maneja un gran número de materiales, lo que le permite comparar variantes y lecturas divergentes.

CROSBY, James O.: *En torno a la poesía de Quevedo*, Madrid, Castalia, 1967.

Uno de los estudios esenciales para seguir el proceso de la transmisión y de la creación de la poesía de Quevedo. Este análisis faculta al autor a reconstruir las circunstancias creadoras de cada poema, descubrir las versiones más fidedignas de los textos y fijar, por ende, una cronología de la creación poética de unos trescientos poemas (pp. 95-174). Resulta, también, sugerente el análisis de ocho poemas autógrafos y la consideración sobre la historia del texto de la traducción de Folícides.

FERNÁNDEZ MOSQUERA, Santiago, y Antonio AZAÚSTRE GALIANA: *Índices de la poesía de Quevedo*, Barcelona, PPU-Univ. de Santiago, 1993.

Se trata de una exhaustiva monografía centrada en varias listas de concordancias que permiten encontrar cualquier palabra en la poesía de Quevedo: se ofrece un índice de textos base, otro de variantes, más un diccionario inverso.

Francisco de Quevedo. Una creación paradójica e innovadora [Anthropos, 6 (2001)].

Pretende esta monografía examinar la figura de Quevedo como inventor de una nueva sensibilidad estética; interesa, entonces, subrayar la proyección de su obra y de su pensamiento en los autores y los géneros contemporáneos.

GARCÍA DE LA CONCHA, Víctor, ed.: *Homenaje a Quevedo. Actas de la II Academia Literaria Renacentista*, Salamanca, Universidad, 1982.

De sus aportaciones destaca el análisis de A. Egido [pp. 213-232] al soneto de «Amor constante más allá de la muerte» (aquí el n.º 24), las consideraciones de V. García de la Concha [pp. 347-354] sobre el moralismo del autor, el balance de los recursos expresivos de la invención lingüística que realiza F. Lázaro Carreter [pp. 9-26], la revisión del pensamiento político y social de Quevedo que practica J. A. Maravall [pp. 69-131], la relación entre Quevedo y Estacio que plantea R. Senabre [pp. 315-322] y las distintas contradicciones que se aprecian en su obra, tal y como las ve D. Ynduráin [pp. 475-482].

GREEN, Otis H.: *El amor cortés en Quevedo* [1952], Zaragoza, Ebro, 1955.

Explica la evolución de los componentes amorosos de la poesía de Quevedo; intenta demostrar que la teoría del amor cortés se encuentra en la base de esta poesía; niega la misoginia del autor.

HOOVER, L. Elaine: *John Donne and Francisco de Quevedo, poets of love and death*, Chapel Hill, The University of North Carolina, 1978.

La comparación entre el poeta inglés y el poeta español le sirve a la autora para esbozar la existencia de una corriente europea de la poesía metafísica.

JAMMES, Robert: «À propos de Góngora et Quevedo: conformisme et anticonformisme au Siècle d'Or», en

La contestation de la société dans la littérature espagnole du Siècle d'Or, Toulouse, Université de Toulouse-le-Mirail, 1981, pp. 83-94.

Revisión, con numerosos datos y textos, de una de las más problemáticas relaciones de la literatura del siglo XVII. El tratamiento del análisis es sociopolítico.

JARAMILLO CERVILLA, Manuel: *Personalidad y pensamiento político de Quevedo*, Granada, Diputación Provincial, 1981.

Aunque no se centra en la poesía de este autor, sí que permite atisbar algunos de los comportamientos extremistas que, en ocasiones, asoman en los textos quevedescos. Interesa el cap. III, dedicado al «Pensamiento político», en el que examina su concepto de la historia, la razón de Estado que perfila en su obra, su concepto de la monarquía (apoyado en el austracismo) y el exacerbado nacionalismo religioso de que hace gala.

JAURALDE POU, Pablo: «La poesía de Quevedo», en *Estudios de Literatura y Arte dedicados al profesor Emilio Orozco Díaz*, Granada, Universidad, 1979, vol. II, pp. 187-208.

Revisión de las diferentes teorías sobre la poesía de Quevedo. Demuestra la conexión vital que traza Quevedo entre su pensamiento y sus poemas; interpreta, por ejemplo, la poesía satírica como una actitud crítica del autor.

— «La poesía de Quevedo y su imagen política», en *Política y literatura*, Zaragoza, Ibercaja, 1988, pp. 41-63.

Una de las claves significativas más importantes para interpretar numerosas alusiones festivas de la poesía de Quevedo.

— «La poesía festiva de Quevedo: un mundo en libertad», en *Sobre poesía y teatro. Cinco estudios de literatura española*, Málaga, UNED, 1989, pp. 43-71.

Conecta la poesía satírica del autor con algunas de las formulaciones políticas y sociales de su tiempo.

— *Francisco de Quevedo (1580-1645)*, pról. de Alonso Zamora Vicente, Madrid, Castalia, 1998.

Se trata de la más completa biografía que se haya escrito sobre Quevedo, siguiendo su proceso de formación y el desarrollo de su pensamiento a través de sus textos; tres líneas de estudio singulares se ofrecen en su cierre: «Formación cultural», «Retrato» y «Góngora y Quevedo». Incluye un apéndice que es un «Ensayo de un catálogo de las obras de Quevedo».

LÁZARO CARRETER, Fernando: «Quevedo: la invención por la palabra», en *Boletín de la Real Academia Española*, 61 (1981), pp. 23-41.

Descripción de los procedimientos léxicos con los que Quevedo transformaba, lingüísticamente, la realidad poetizada. Es reimpresión de García de la Concha, ed. [1980].

— «Sobre la dificultad conceptista» [1956], en *Estilo barroco y personalidad creadora*, Salamanca, Anaya, 1966, pp. 11-54.

Análisis y clasificación de las distintas clases de conceptos presentes en la obra de Quevedo.

MARTÍN PÉREZ, Marciano: *Quevedo: aproximación a su religiosidad*, Burgos, Aldecoa, 1980.

La actitud religiosa de Quevedo es, sin duda, una de las claves de su pensamiento, tal y como demuestran aquí los poemas incluidos en el apartado V. El autor traza una apasionante trayectoria vital y espiritual de

Quevedo, mostrando la evolución que sufre el escritor desde iniciales afanes humanistas hasta llegar a pensar y escribir como «cristiano filósofo». Examina su formación religioso-intelectual, marcando las fuentes principales de su pensamiento político; considera, también, las contradicciones de Quevedo entre su conducta práctica y sus mismos escritos.

MORAL BARRIO, Jesús: *La ética en el pensamiento filosófico de Quevedo,* Madrid, Universidad Complutense, 1981.

Como conclusiones, señala el modo en que Quevedo ha elaborado una ética original, con principios de orden teológico y escatológico; constituye la suya una axiología vivencial, basada en la autenticidad del «ver por dentro» de las cosas y del mundo. Señala el modo en que elabora una filosofía de la muerte, que le sirve de apoyo a su pensamiento ético: la muerte es la verdad central y la primera categoría humana de la existencia, es, en suma, un signo ético. Por último, valora la forma en que Quevedo realizó su ideal ético, determinando, para su pensamiento, unas categorías de agresividad hiriente, de insatisfacción fundamental, de desengaño y desconfianza.

NICOLÁS, César: *Estrategias y lecturas: las anamorfosis de Quevedo,* Salamanca, Universidad de Extremadura, 1986.

Analiza problemas del léxico quevedesco y ofrece la clave de algunas de las metáforas y juegos retóricos de su obra satírica.

NAVARRO DE KELLEY, Emilia: *La poesía metafísica de Quevedo,* Madrid, Guadarrama, 1973.

Determinación de los grandes núcleos temáticos en los que Quevedo basa sus principales especulaciones metafísicas.

OLIVARES, Julián: *The love poetry of Francisco de Quevedo. An aesthetic and existential study,* Cambridge, Cambridge University Press, 1983.

Analiza 70 poemas y revisa las fuentes de las tradiciones poéticas de que se alimenta Quevedo, el amor cortés y el neoplatonismo sobre todo. Demuestra la sinceridad que reside en muchas de las imágenes consideradas tópicas. Defiende la vitalidad de esta expresión poética.

OLIVER, Juan Manuel: *Comentarios a la poesía de Quevedo,* Madrid, Sena, 1974.

Anota con profusión y explica, verso a verso, veintitrés poemas, con comentarios de toda índole.

PARKER, Alexander: «La "agudeza" en algunos sonetos de Quevedo» [1952], en *Sobejano,* ed. [1978], pp. 44-57.

Fue el estudio que abrió el camino de la recta comprensión de este fenómeno estilístico del Barroco. Se basa en la teoría que sobre la "agudeza" expone B. Gracián.

POZUELO YVANCOS, José M.ª: *El lenguaje poético en la lírica amorosa de Quevedo,* Murcia, Universidad, 1979.

Estudio de corte estructuralista, que demuestra cómo Quevedo asienta su lenguaje poético amoroso en el neoplatonismo.

PROFETI, Maria Grazia: *Quevedo: la scrittura e il corpo,* Roma, Bulzoni, 1984.

Demuestra que la poesía satírica es el complemento, por oposición, de la poesía amorosa. Mediante métodos de psico-crítica revela la autora el modo en que Quevedo vuelca, en las mujeres, numerosos complejos, personales y sociales, que acabaron por generar una agresividad patológica.

QUÉRILLACQ, René: *Quevedo de la mysoginie à l'antiféminisme*, pról. de Augustin Redondo, Nantes, Université, 1987.

Los dos extremos coexisten en la poesía de Quevedo, pero es importante distinguir las dos actitudes en virtud de los núcleos temáticos y de las imágenes poéticas que emplea para cada caso.

ROIG-MIRANDA, Marie: *Les sonnets de Quevedo*, París, Presses Universitaires, 1989.

Estudia las variaciones métricas con que Quevedo construye sus más de quinientos sonetos, clasificándolos, después, en las diversas corrientes de la poesía del siglo XVII.

RONCERO, Victoriano: *Historia y política en la obra de Quevedo*, Madrid, Pliegos, 1990.

Esboza una teoría histórica de Quevedo, ofreciendo un perfil del escritor como historiador humanista, apasionado por la polémica, el nacionalismo y la enseñanza política; plantea una relación entre Quevedo y Tácito, a fin de indagar en las razones que le llevaron a incluir sus discursos en sus obras.

RONCERO, Victoriano, y J. Enrique DUARTE, eds.: *Quevedo y la crítica a finales del siglo XX (1975-2000). Volumen I: General y Poesía*, Pamplona, EUNSA, 2002.

Pretende este volumen continuar el estudio crítico —con la antología de trabajos— que Gonzalo Sobejano (ver) preparara para la editorial Taurus en 1978; se reúne aquí una veintena de artículos de los más prestigiosos especialistas en la poesía del Barroco y en la particular de Quevedo, casi todos ellos centrados en la poesía.

SCHWARTZ LERNER, Lía: *Metáfora y sátira en la obra de Quevedo*, Madrid, Taurus, 1983.

Uno de los mejores análisis de la relación que Quevedo establece entre lenguaje figurado y actitud crítica. Contiene análisis lexemáticos en «I. El mundo al revés» y considera la metáfora como una transgresión lingüística.

— *Quevedo: discurso y representación*, Pamplona, EUNSA, 1986.

Valora las diversas teorías estéticas con las que Quevedo formula su personal visión poética, su particular representación de la realidad.

SNELL, Ana María: *Hacia el verbo: signos y transignificación en la poesía de Quevedo*, Londres, Támesis Books, 1982.

Este estudio permite conocer los procedimientos estructuradores que Quevedo inventa en su poesía y las claves significativas que se desprenden de ellos: el dualismo y la ambigüedad, la desviación estilística, la creación idiomática, los fenómenos de condensación y desplazamiento, las transgresiones del significado y las relaciones entre metáfora y metonimia; las letrillas le sirven a la autora para valorar los juegos metonímicos, mientras que los sonetos le permiten descubrir los juegos metafóricos.

SOBEJANO, Gonzalo, ed.: *Francisco de Quevedo*, Madrid, Taurus, 1978.

Recopilación de diferentes estudios sobre el pensamiento, la prosa y la poesía de Quevedo; incluye, al final, una extensa bibliografía, ya valorada en el apartado *a)*.

WALTERS, D. Gareth: *Francisco de Quevedo, Love Poet,* Cardiff, University of Wales Press, 1985.

Considera el amor como una experiencia emocional y enjuicia distintos poemas en busca de una trayectoria que lleva a Quevedo del deseo erótico a la frustración trágica.

— Ed., *Poems to Lisi,* Exeter, University of Exeter, 1988.

Determina la raíz petrarquista de este conjunto poético y valora los poemas como la expresión de una experiencia real.

ZARDOYA, Concha: «El tema del sueño en la poesía de Quevedo», en *Sin Nombre,* 1 (1970), pp. 15-27.

Considera este tema desde una perspectiva metafísica y amorosa.

Nuestra edición

Esta *Antología* toma como punto de partida las dos ediciones príncipes de la obra poética de Quevedo, aparecidas en 1648 y en 1670 (véase Bibliografía). Para los poemas no incluidos en ellas, se sigue la magnífica edición crítica de J. M. Blecua (1969-1981: 4 vols.) y los descubrimientos de J. O. Crosby.

La ortografía se ha modernizado, salvo en aquellos vocablos en que, de forma intencionada, Quevedo registra el habla popular. La puntuación de los textos corresponde, también, a criterios actuales y difiere, en algunos casos, de la sugerida por Blecua. Solo se ha corregido una palabra (poema 76, verso 10) por considerarla una evidente errata.

Se han seleccionado ciento ocho poemas y se ha adoptado una agrupación de carácter temático, para ofrecer la evolución del pensamiento y de la personalidad del escritor a través de su obra. He preferido una ordenación distinta de la de Blecua, a fin de intentar reproducir la transformación ideológica que arrastra a Quevedo al desengaño y a la actitud crítica. He partido, para ello, de los poemas amorosos y he conducido la *Antología* a la poesía satírica, a la que, a su vez, he dividido en doce epígrafes, con la finalidad de mostrar reunidos los poemas con que Quevedo desarrollaba ciertos tipos, figuras y asuntos genéricos de su producción literaria.

Constituyen una novedad de esta *Antología* los comentarios que acompañan a cada una de las composiciones y que explican las características ideológicas y estilísticas de cada texto. También, todos los poemas van anotados individualmente; en este sentido, la abreviatura *D. A.*, que cierra muchas definiciones, corresponde a *Diccionario de Autoridades* (repr. facsímil: Madrid, Gredos, 1984, 3 vols.). Estas notas han procurado ofrecer aclaraciones de todo tipo: lingüísticas, culturales y temáticas.

QUEVEDO Y SU ÉPOCA

AÑO	DATOS BIOGRÁFICOS
1580	Don Francisco de Quevedo nace en Madrid el 17 de septiembre; sus padres, Pedro Gómez de Quevedo y María de Santibáñez, desempeñan oficios en la Corte.
1586	Muere el padre de Quevedo. Su tutor es don Agustín de Villanueva, secretario del Consejo de Aragón.
1588	Estudia con los jesuitas en el Colegio Imperial.
1596	Estudia en la Universidad de Alcalá.
1598	
1599	Se publica el primer poema de Quevedo en *Conceptos de divina poesía*. Conoce a don Pedro Téllez de Girón, duque de Osuna.
1600	Obtiene el grado de bachiller por Alcalá.

PANORAMA CULTURAL	ACONTECIMIENTOS HISTÓRICOS
Nace Juan Ruiz de Alarcón. Cervantes es liberado de su cautiverio en Argel. Fernando de Herrera, *Anotaciones a las obras de Garcilaso*.	Felipe II incorpora Portugal a la corona de España, después de la desaparición del rey don Sebastián (Alcazarquivir, 1578) y de la muerte de su sucesor, el cardenal-infante Enrique.
El Greco pinta *El entierro del conde de Orgaz*.	
Nacen Ribera y el filósofo inglés Hobbes. Malón de Chaide, *La conversión de la Magdalena*. Muere fray Luis de Granada.	Destrucción de la Armada Invencible frente a Inglaterra.
Nace Descartes. Pinciano, *Filosofía antigua poética*.	Inglaterra, Francia y los Países Bajos se alían contra España. El Estado se declara en bancarrota.
Nace Zurbarán. Lope de Vega, *La Arcadia* y *La Dragontea*.	Muerte de Felipe II. Le sucede su hijo Felipe III. Tratado de Vervins: se firma la paz con Francia.
Nace Velázquez. Mateo Alemán, *Guzmán de Alfarache* (1.ª parte). Lope de Vega, *El Isidro*.	Matrimonio de Felipe III con Margarita de Austria. El duque de Lerma es privado.
Nace Calderón de la Barca.	Se permiten de nuevo las representaciones dramáticas. Fundación de la Compañía de las Indias Orientales.

AÑO	DATOS BIOGRÁFICOS
1601	Se traslada a Valladolid, donde vive hasta 1606. Se matricula en Teología, aunque no llegará a graduarse. Surgen la enemistad con Luis de Góngora y la amistad con Lope de Vega.
1604	Primera redacción de *El Buscón* (versión del ms. *B*).
1605	En la antología de Pedro de Espinosa, *Flores de poetas ilustres de España,* aparecen dieciocho poemas. Redacta el *Sueño del Juicio Final*.
1606	Regresa con la Corte a Madrid. Período de gran producción literaria.
1607	Escribe *El alguacil endemoniado*.
1608	Escribe el *Sueño del Infierno*.
1609	Compone diversas obras: *Paráfrasi y traducción de Anacreonte; Discurso de la vida y tiempo de Phocílide; España defendida; De la doctrina cristiana; Premática de las cotorreras*. Crisis espiritual. Se retira a la villa de la Torre de Juan Abad, por la que comienza a pleitear para obtener su señorío.
1610	Prohibida la publicación del *Sueño del Juicio Final*.
1611	Conoce en Toledo a Tamayo de Vargas, erudito, y al padre Mariana, historiador.

QUEVEDO Y SU ÉPOCA 69

PANORAMA CULTURAL	ACONTECIMIENTOS HISTÓRICOS
Nacen Baltasar Gracián y Alonso Cano. Mariana, *Historia General de España*. Muere Sánchez de las Brozas, «El Brocense».	La Corte se cambia a Valladolid. Sitio de Ostende.
Mateo Alemán, *Guzmán de Alfarache* (2.ª parte).	Paz con Inglaterra.
Cervantes, 1.ª parte del *Quijote*. López de Úbeda, *La pícara Justina*.	Nace Felipe IV.
Nacen Rembrandt y Corneille.	
Nace Rojas Zorrilla.	Crisis económica: el Estado español suspende pagos.
Lope, *El acero de Madrid*.	
Lope, *El arte nuevo de hacer comedias y Jerusalem conquistada*. Mateo Alemán, *Ortografía castellana*.	Expulsión de los moriscos. Tregua de los Doce Años con los Países Bajos.
Galileo, *Sidereus Nuntius*. Lope, *Peribáñez*. Muere Luis Carrillo de Sotomayor.	Muere asesinado Enrique IV de Francia. El duque de Osuna es nombrado virrey de Sicilia.
Covarrubias, *Tesoro de la lengua castellana*.	Se vuelven a prohibir las representaciones teatrales.

AÑO	DATOS BIOGRÁFICOS
1612	Obtiene el permiso para publicar los *Sueños*, aunque no lo hace. Escribe *El mundo por de dentro* (dedicado al duque de Osuna). Redacta *Doctrina moral del conocimiento propio y desengaño de las cosas ajenas*, luego convertido en *La cuna y la sepultura*.
1613	Dedica a su tía, doña Margarita de Espinosa, el *Heráclito cristiano*. Acompaña a Sicilia al duque de Osuna (fines de octubre).
1614	Viaja a Niza, Génova y Madrid como observador político.
1615	El Parlamento siciliano lo elige embajador para llevar a Felipe III los donativos ordinarios y extraordinarios. Soborna a altos cargos para convencer al duque de Lerma de la necesidad de nombrar al duque de Osuna virrey de Nápoles.
1616	Regresa a Nápoles.
1617	Viaja a Roma para averiguar la política de Paulo V respecto a España y Venecia. El Parlamento de Nápoles lo envía a Madrid con el donativo bienal para su Majestad. Logra que prorroguen en tres años el mandato del duque de Osuna. Obtiene el hábito de Santiago.
1618	Aunque estaba en Madrid, se ve implicado en la Conjuración de Venecia. Defiende al duque de Osuna ante el Consejo de Estado.

QUEVEDO Y SU ÉPOCA

PANORAMA CULTURAL	ACONTECIMIENTOS HISTÓRICOS
Góngora, *Polifemo* y *Soledad primera*.	Victorias militares de España en Italia.
Góngora, *Soledad segunda*. Cervantes, *Novelas ejemplares*. Lope, *La dama boba*.	
Lope, ordenado de Menores, publica *Rimas sacras*. Avellaneda, *Segunda parte de D. Quijote*. Muere El Greco.	Conquista de la plaza africana de la Mamora. Matrimonios del príncipe Felipe con Isabel de Borbón y de Luis XIII con Ana de Austria.
Cervantes, 2.ª parte del *Quijote* y *Ocho comedias y ocho entremeses nuevos*. Lope, *El perro del hortelano*. Harvey descubre la circulación de la sangre.	
Mueren Cervantes y Shakespeare.	El duque de Osuna es virrey de Nápoles.
Cervantes, *Persiles* (póstumo). Muere Francisco Suárez.	Por el Tratado de Praga se reconocen los derechos de Felipe III a la Alsacia, aunque debe renunciar a Bohemia.
Nacen Agustín de Moreto y Bartolomé Esteban Murillo. Vicente Espinel, *Marcos de Obregón*. Guillén de Castro, *Las mocedades del Cid*.	El duque de Uceda es privado. Comienza la Guerra de los Treinta Años.

AÑO	DATOS BIOGRÁFICOS
1620	Regresa a Italia. Se publica su primera obra completa, *Epítome a la vida ejemplar y gloriosa muerte del bienaventurado F. Thomás de Villanueva*.
1621	Destierro a la Torre de Juan Abad. Termina la *Política de Dios*, que envía al conde-duque de Olivares. Publica *El caballero de la Tenaza*.
1622	Sigue en la Torre. Gravemente enfermo, se permite su traslado a Villanueva de los Infantes.
1623	Regresa a Madrid. Ensalza la política del Conde-Duque y de Felipe III.
1624	Acompaña a Felipe IV a Sevilla. Llegó a hospedarlo en su casa de la Torre de Juan Abad. Se le acusa de amancebamiento con la actriz Ledesma, con la que tuvo varios hijos.
1626	En Monzón, termina el *Cuento de cuentos*. Parece que sin su permiso, se imprimen en Zaragoza *El Buscón* (versión muy distinta de la de 1604) y la *Política de Dios*. Viaja con la Corte a Aragón.
1627	Sin autorización, en Barcelona se imprimen los *Sueños* con gran éxito (tres ediciones más en este año). Escribe la comedia *Cómo ha de ser un privado*.

PANORAMA CULTURAL	ACONTECIMIENTOS HISTÓRICOS
Francis Bacon, *Novum Organum Scientiarum*.	España interviene en la Guerra de los Treinta Años. Derrota del ejército protestante en la Montaña Blanca. Flandes vuelve a la corona de España.
Nace La Fontaine. Lope, *La Filomena*, *La Andrómeda* y *El mejor alcalde, el rey*.	Muere Felipe III. Le sucede Felipe IV (16 años), que nombra valido al conde-duque de Olivares. Acaba la Tregua de los Doce Años.
Nace Molière. José Valdivieso, *Doce autos sacramentales y dos comedias*. El conde de Villamediana muere asesinado.	España ayuda al emperador Fernando II. Canonización de S. Isidro, Sta. Teresa, S. Ignacio de Loyola, S. Francisco Javier y S. Felipe Neri.
Nacen Claudio Coello y Pascal. Velázquez es nombrado pintor de cámara.	Urbano VIII es elegido Papa.
Lope, *La Circe*. Muere el padre Mariana.	Rendición de Breda. El cardenal Richelieu es nombrado presidente del Consejo Real.
Muere Francis Bacon.	Tratado de Monzón entre España y Francia sobre la Valtelina. Cataluña se niega a colaborar en la Unión de Armas. Inglaterra declara la guerra a España.
Muere Góngora; se publican sus obras.	Nueva bancarrota del Estado, después de que Piet Heyn capturara la flota española con el tesoro de Indias.

AÑO	DATOS BIOGRÁFICOS
1628	Nuevo destierro a la Torre de Juan Abad. Se imprimen *Discurso de todos los diablos* y *Memorial por el Patronato de Santiago*, en el que atacaba la propuesta de nombrar a Santa Teresa copatrona de España, junto al apóstol Santiago. A finales de diciembre se le permite volver a Madrid.
1629	Al conde-duque de Olivares le dedica su edición de Fray Luis de León, donde ataca a los «cultos». Se retira a Villanueva de los Infantes (Ciudad Real).
1630	Escribe *El chitón de las Tarabillas*, donde defiende la política económica del conde-duque de Olivares.
1631	Publica los *Sueños*, harto de los errores de las ediciones no autorizadas. Los incluye en *Juguetes de la niñez*. Pacheco de Narváez, maestro de esgrima, denuncia sus obras a la Inquisición. Edita a Francisco de la Torre, poeta del siglo XVI.
1632	Obtiene el título honorífico de secretario del rey.
1634	Casa con doña Esperanza de Mendoza, viuda de Liñán de Heredia; el matrimonio se separa a los ocho meses. Imprime *La cuna y la sepultura* (cuatro ediciones en un año).
1635	Desde la Torre de Juan Abad escribe su *Carta al serenísimo rey de los franceses*. Se publica el libelo *El tribunal de la justa venganza contra los escritos de don Francisco de Quevedo*, obra de Pacheco de Narváez, el padre Niseno y Pérez de Montalbán.

PANORAMA CULTURAL	ACONTECIMIENTOS HISTÓRICOS
Ruiz de Alarcón, *Primera Parte de Comedias*.	Derrota naval en Matanzas (Cuba) frente a los holandeses.
Lope, *El Laurel de Apolo*. Calderón, *La dama duende* y *Casa con dos puertas, mala es de guardar*.	Paz de Lübeck: Dinamarca se retira de la guerra.
Tirso de Molina, *El burlador de Sevilla*. Galileo, *Los dos principales sistemas del Universo*.	Intervención de Suecia en la Guerra de los Treinta Años. Paz anglo-española. Motines en Vizcaya contra el reclutamiento de soldados.
Mueren Bartolomé Leonardo de Argensola y Guillén de Castro.	
Lope, *La Dorotea*.	El rey sueco Gustavo Adolfo muere en la batalla de Lützen.
Lope, *Rimas humanas y divinas*. Calderón, *La devoción de la Cruz*.	Victoria de Nördlingen frente al ejército sueco.
Calderón, *La vida es sueño*. Mueren Lope de Vega y Salas Barbadillo.	Francia declara la guerra a España.

AÑO	DATOS BIOGRÁFICOS
1636	Escribe *La Hora de todos y la Fortuna con seso*.
1638	Viaja varias veces de Madrid a la Torre. Pudo componer el *Marco Bruto* y la segunda parte de la *Política de Dios*.
1639	Sin ninguna explicación, el 7 de diciembre es detenido en casa del duque de Medinaceli y conducido en secreto a la cárcel de San Marcos de León. Parece que se le acusaba de espionaje a favor de Francia.
1640	
1641	Quevedo debió de conocer los cargos que se le imputaban y el nombre de su delator. Escribe al conde-duque de Olivares solicitando su perdón. Queda viudo en este año.
1642	Vuelve a escribir; puede recibir visitas y mantener correspondencia.
1643	Quevedo es liberado de la cárcel; está muy enfermo.
1644	En noviembre se traslada de Madrid a la Torre. Publica la primera parte del *Marco Bruto* y la *Vida de San Pablo*. Sigue con atención la vida de la Corte y se preocupa por sus obras. Redacta la segunda parte del *Marco Bruto* (hoy perdida).

PANORAMA CULTURAL	ACONTECIMIENTOS HISTÓRICOS
Calderón, *A secreto agravio, secreta venganza*. *Obras* de Góngora, comentadas por D. Salcedo Coronel.	Las tropas españolas llegan a París.
Nace Racine. Muere Ruiz de Alarcón.	La flota española es derrotada por la holandesa en la batalla naval de Las Dunas.
Saavedra Fajardo, *Empresas políticas*.	Sublevación de Cataluña y Portugal.
Vélez de Guevara, *El diablo cojuelo*.	Rebeliones en Andalucía.
Gracián, *Agudeza y Arte de ingenio*.	Guerra civil en Inglaterra. Muere Richelieu.
	Destitución del conde-duque de Olivares y privanza de don Luis de Haro. Derrota de los tercios españoles en Rocroi. Muere Luis XIII.
Muere Vélez de Guevara.	Muere la reina Isabel de Borbón.

AÑO	DATOS BIOGRÁFICOS
1645	Trabaja en su obra poética. Enferma de gravedad y se traslada a Villanueva de los Infantes para recibir mejor asistencia médica. En abril se hizo llevar al Convento de Santo Domingo, donde moriría el 8 de septiembre; hoy se ignora dónde descansan sus restos.
1648	Su amigo González de Salas publica *El Parnasso español*, donde se contiene la mayor parte de la producción poética de Quevedo.

PANORAMA CULTURAL	ACONTECIMIENTOS HISTÓRICOS
	Muere el conde-duque de Olivares.
Mueren Tirso de Molina, Rojas Zorrilla y Saavedra Fajardo.	Paz de Westfalia, que pone fin a la hegemonía española en Europa.

ANTOLOGÍA POÉTICA COMENTADA

1. POEMAS AMOROSOS

[1]

Comentario: Definir el amor enumerando los efectos contrarios que causa en el amante es un tópico que proviene de la teoría del amor cortés. Se logra dibujar un modélico retrato del amador, de sus acciones y de sus virtudes. Lope desarrolla la misma situación: «Ir y quedarse, y con quedar partirse»; Quevedo se diferencia en que emplea más infinitivos: obsérvese cómo los va reduciendo, para contener la tensión poética y volcarla en el terceto final.

SONETO AMOROSO

> Osar, temer, amar y aborrecerse,
> alegre con la gloria atormentarse;
> de olvidar los trabajos olvidarse;
> entre llamas arder, sin encenderse;
>
> con soledad entre las gentes verse,   5
> y de la soledad acompañarse;
> morir continuamente; no acabarse;
> perderse, por hallar con qué perderse;
>
> ser Fúcar[1] de esperanzas sin ventura,
> gastar todo el caudal en sufrimientos,   10
> con cera conquistar la piedra dura,

---
[1] *Fúcar:* apellido de una familia de banqueros alemanes, que prestaron grandes cantidades de dinero a los monarcas españoles.

son efectos de Amor en mis lamentos;
nadie le llame dios, que es gran locura:
que más son de verdugo sus tormentos.

[2]

Comentario: Mediante el mismo procedimiento de encadenar antítesis, Quevedo define ahora el interior del perfecto amante y muestra sus tormentos. A los infinitivos se añaden cláusulas temporales, organizadas en tres series anafóricas: *a)* «Tras...nunca...», vv. 1-4; *b)* «después de tanto...no...», vv. 5 y 7; *c)* «tras tanto...no...», vv. 6, 8 y 10. Se refuerza así la idea de que se seguirá amando a pesar del tiempo de haber amado y, por tanto, de haber sufrido.

SONETO AMOROSO

  Tras arder siempre, nunca consumirme;
y tras siempre llorar, nunca acabarme;
tras tanto caminar, nunca cansarme;
y tras siempre vivir, jamás morirme;

  después de tanto mal, no arrepentirme;   5
tras tanto engaño, no desengañarme;
después de tantas penas, no alegrarme;
y tras tanto dolor, nunca reírme;

  en tantos laberintos, no perderme,
ni haber, tras tanto olvido, recordado,   10
¿qué fin alegre puede prometerme?

Antes muerto estaré que escarmentado:
ya no pienso tratar de defenderme,
sino de ser de veras desdichado.

[3]

Comentario: Prodigio de construcción arquitectónica, logrado por el encadenamiento de marcas estilísticas: seis interrogaciones retóricas se dividen en dos planos, que desarrollan series anafóricas diferentes. Esta forzada simetría —como sucede en el Barroco— se rompe violentamente con las tres antítesis que, a partir del v. 8, dan cuenta del interior del amante. Obsérvese la amplificación en las antítesis: la primera ocupa un verso, el 8; la segunda, ya dos versos, el 10 y el 11; y la tercera, los tres últimos versos. Al aumento del dolor del amante corresponde un aumento en la cantidad de versos.

SONETO AMOROSO

¿Qué imagen de la muerte rigurosa,
qué sombra del infierno me maltrata?
¿Qué tirano crüel me sigue y mata
con vengativa mano silenciosa?

¿Qué fantasma, en la noche temerosa, 5
el corazón del sueño me desata?
¿Quién te venga de mí, divina ingrata,
más por mi mal que por tu bien hermosa?

¿Quién, cuando, con dudoso pie y incierto,
piso la soledad de aquesta arena, 10
me puebla de cuidados el desierto?

¿Quién el antiguo son de mi cadena
a mis orejas vuelve, si es tan cierto,
que aun no te acuerdas tú de darme pena?

[4]

Comentario: Al igual que en el soneto 1, Quevedo ensarta imágenes tópicas para definir el amor. La originalidad en la presentación de estos conceptos contradictorios vuelve a crearse en el plano formal. Quevedo construye una enumeración que sostiene una intriga graduada, ya que hasta el v. 12 no se indica quién es el sujeto de las oraciones. Las imágenes van disminuyendo (primer cuarteto: seis tópicos; segundo cuarteto: cuatro tópicos; primer terceto: dos tópicos) hasta llegar a la revelación final.

SONETO AMOROSO DEFINIENDO EL AMOR

Es hielo abrasador, es fuego helado,
es herida que duele y no se siente,
es un soñado bien, un mal presente,
es un breve descanso muy cansado.

Es un descuido que nos da cuidado, 5
un cobarde, con nombre de valiente,
un andar solitario entre la gente,
un amar solamente ser amado.

Es una libertad encarcelada,
que dura hasta el postrero[2] parasismo[3],   10
enfermedad que crece si es curada.

   Este es el niño Amor[4], este es su abismo:
¡mirad cuál amistad tendrá con nada
el que en todo es contrario de sí mismo!

[5]

Comentario: Quevedo insiste en el mismo esquema: los once primeros versos definen la fuerza del amor y los tres últimos muestran el estado en que queda el amante. Quevedo elige la imagen de la llama o fuego (v. 1) en que arde el alma y la desarrolla en tres variaciones: a) *cuarteto 1:* antítesis, el fuego vence al mar de los ojos (las lágrimas del amante); b) *cuarteto 2:* hipérbole neoplatónica, el amor idealizado «merece» ascender a las «jerarquías» celestiales; c) *terceto 1:* metáfora, el camino como vida donde puede perderse el amante. La tensión de estas tres ideas se disocia en la oposición «alma/cuerpo», con la que Quevedo perfila y siente su soledad.

---

[2] *postrero:* último.

[3] *parasismo:* «accidente peligroso, o casi mortal, en que el paciente pierde el sentido y la acción, por largo tiempo» *(D. A.).*

[4] *niño Amor:* en la mitología grecorromana, al dios del amor, Eros o Cupido, se le representaba como niño.

AMANTE AUSENTE DEL SUJETO AMADO DESPUÉS DE LARGA NAVEGACIÓN

Soneto

Fuego [5] a quien tanto mar ha respetado
y que, en desprecio de las ondas frías,
pasó abrigado en las entrañas mías,
después de haber mis ojos navegado [6],

merece ser al cielo trasladado,   5
nuevo esfuerzo del sol y de los días;
y entre las siempre amantes jerarquías [7],
en el pueblo de luz [8], arder clavado.

Dividir y apartar puede el camino;
mas cualquier paso del perdido amante   10
es quilate al amor puro y divino.

Yo dejo el alma atrás: llevo adelante,
desierto y solo, el cuerpo peregrino [9],
y a mí no traigo cosa semejante.

[6]

Comentario: Quevedo no define ahora el amor, sino los desvelos y cuidados que lo atormentan y lo trasladan a

---

[5] *Fuego:* pasión amorosa.

[6] *mis ojos navegado:* el amor penetra por los ojos.

[7] *jerarquías:* diez esferas concéntricas, formadas por los planetas, las estrellas, los ángeles y Dios.

[8] *pueblo de luz:* metáfora por estrellas.

[9] *peregrino:* porque es fuego que ha navegado por el mar.

esa región de los «sueños» (v. 2), en donde puede entender mejor su dolor. El «sueño», para muchos autores barrocos, existe como la única realidad a su alcance. Quevedo logra reproducir su estado de agitación interna mediante la colocación alternada de los verbos, con lo que obliga a moverse al lector a través del soneto de igual manera que él persigue esa «imagen vana» (y muy cerca está Bécquer de esta idea) de su sueño.

SONETO AMOROSO

A fugitivas sombras doy abrazos;
en los sueños se cansa el alma mía;
paso luchando a solas noche y día
con un trasgo [10] que traigo entre mis brazos.

Cuando le quiero más ceñir con lazos, 5
y viendo mi sudor, se me desvía;
vuelvo con nueva fuerza a mi porfía,
y temas [11] con amor me hacen pedazos.

Voyme a vengar en una imagen vana
que no se aparta de los ojos míos; 10
búrlame, y de burlarme corre ufana [12].

Empiézola a seguir, fáltanme bríos [13],
y como de alcanzarla tengo gana,
hago correr tras ella el llanto en ríos.

---

[10] *trasgo:* «demonio casero que de ordinario inquieta las casas particularmente de noche» *(D. A.).*

[11] *temas:* «porfía, obstinación o contumacia en un propósito» *(D. A.).*

[12] *ufana:* presuntuosa, engreída.

[13] *bríos:* fuerzas.

[7]

Comentario: Quevedo desarrolla el tópico del amor cortés de que los ojos son el camino por el que la pasión llega al alma. En el romance hay tres planos: *a)* vv. 1-14: hipérboles que explican la imagen de que las «llamas» del amor nacen en los ojos; *b)* vv. 15-28: perífrasis alusivas al poder de los ojos; *c)* vv. 29-42: exposición de los efectos causados en la pasión del amante, manifestados en la oposición «Muerte/Vida».

EL MISMO QUEVEDO, A UNA DAMA DORMIDA

Romance

    Hermosos ojos dormidos,
yo, por guardaros el sueño,
enmudezco mi dolor,
quito la voz a mis versos.
    Dormid, y será de noche,   5
mientras no os vieren abiertos;
que, en acostándose el sol,
todo es tinieblas el cielo.
    De siempre gloriosas llamas
ocultáis sumos imperios,   10
ricos tiranos del mundo,
grandes monarcas del fuego.
    Dormid, ojos, dormid a sueño suelto,
mientras ato mi vida en vuestro sueño.

    El regatear los rayos,   15
retirados y soberbios,

es no matar, fulminantes,
para matar, avarientos.
  Por tan mal intencionados
os publican como honestos, 20
facinerosos [14] y lindos,
recatados y traviesos.
  Si en clausura maliciosa
queréis evitar incendios,
menos luz, pero más muerte, 25
dais retirados que abiertos.
  Dormid, ojos, dormid a sueño suelto,
mientras ato a mi vida vuestro sueño.

  Aun dormidos, para mí
es vuestro rigor eterno, 30
pues que solo os desveláis
en matarme a mí durmiendo.
  Cerrad los ojos, señora,
porque si los abrís temo
que en diluvios de belleza 35
habéis de anegar [15] el suelo.
  Dicen que el Sueño es hermano
de la Muerte [16]; mas yo creo
que con la Muerte y la Vida
tiene el vuestro parentesco. 40
  Dormid, ojos, dormid a sueño suelto,
mientras ato mi vida a vuestro sueño.

---

[14] *facineroso:* «delincuente, malvado, lleno de delitos» *(D. A.).*
[15] *anegar:* inundar.
[16] La equivalencia entre «Sueño» y «Muerte» es un tópico medieval.

[8]

Comentario: Salvo el v. 1 (recuerdo de Lope: «Versos de amor, conceptos esparcidos») y los dos últimos, vv. 17-18, el poema es una variación más de la poesía cancioneril, de donde proceden el vocativo «señora» (v. 3), la oposición «voluntad/entendimiento» (v. 4) y la gradación verbal de los vv. 7-10, que desarrolla dos imágenes básicas de esta poesía: «ser» equivale a «amar» y tan imposible es «olvidar» como «merecer» a la dama. La alusión mitológica de los vv. 13-14 devuelve el poema a la época barroca y la paradoja final explica el interior de Quevedo.

MOSTRANDO SU PASIÓN AMOROSA

Canción

En estos versos de mi amor dictados,
tan bien nacidos, cuanto mal premiados,
es, señora, mi intento
mostrar más voluntad que entendimiento,
pues mi pasión ordena   5
que no iguale mi ingenio con mi pena.
Fue gran ventura veros;
después de vista, amaros;
y es ya tan imposible el olvidaros,
como poder llegar a mereceros;   10
y así, reconocido,
piedad, no premio, pido,
ni laurel, pues por vos le despreciara,
si en la primera Dafne[17] se tornara.

---

[17] *Dafne:* ninfa mitológica, que fue transformada en laurel para escapar a la persecución de Apolo; véanse poemas 58 y 99.

Sed atenta a los versos lastimeros 15
del que desde que os vio lo está a quereros;
y obligaréis a tanto un tierno amante,
que os deba todo el tiempo que no os cante.

[9]

Comentario: Quevedo combina varios temas barrocos en este poema: *a)* v. 1: el polvo a que queda reducido el cuerpo del amante sigue conservando la pasión amorosa; *b)* v. 7 y v. 12: el amante ha sido abrasado por el fuego de la amada; *c)* v. 21: el «reloj» desarrolla la idea angustiosa del continuo deslizar del tiempo (véanse poemas 45 y 46). Quevedo construye un sorprendente argumento con estos conceptos: la crueldad de Floris con su amante Fabio continúa más allá de la muerte, pues no contenta con abrasarlo con su fuego amoroso, encierra las cenizas de ese incendio (el polvo) en un reloj de cristal para hacerle sentir eternamente (v. 28) su dolor, equiparable al que causa el paso del tiempo.

AL POLVO DE UN AMANTE QUE EN UN RELOJ DE VIDRIO SERVÍA DE ARENA A FLORIS, QUE LE ABRASÓ

Este polvo sin sosiego,
a quien tal fatiga dan,
vivo y muerto, amor y fuego,
hoy derramado, ayer ciego,
y siempre en eterno afán; 5

este fue Fabio algún día,
cuando el incendio quería
que en polvo le desató,
y en el vidrio amortajó
la ceniza nunca fría.   10

A tal tormento tu amante
destinas, Floris traidora;
pues, ya polvo caminante,
corre el día cada hora
y la hora cada instante.   15

Quítole tu crueldad,
dándole ansí monumento [18],
mal desmentida en piedad,
con vidrio y con movimiento,
quietud y seguridad.   20

Reloj es el que yo vi
idolatrar tus auroras,
Floris, cuando me perdí;
no cuentes por él las horas,
sino sus penas por ti.   25

¡Oh horrible beldad, a quien
te mira, si arde también,
pues su penar eternizas,
y después de las cenizas
vive aún, Floris, tu desdén!   30

---

[18] *monumento:* tumba, sepulcro.

[10]

Comentario: Largo desarrollo de un tema ya clásico: el poeta aconseja a una joven que disfrute de su juventud antes de que el tiempo la marchite. Quevedo ensarta todas las imágenes acuñadas por la tradición: los dientes como perlas, el cabello rubio deslizado por el cuello, el color rosa del rostro, etcétera. Pero en medio de estos tópicos, una idea nueva —solo el amante se acordará de la amada cuando llegue la vejez— descubre la verdadera intención de Quevedo: resaltar la abnegación y la pasión del enamorado: versos 49-54.

ADVIERTE LA BREVEDAD DE LA HERMOSURA CON EXHORTACIÓN DELICIOSA
Idilio

¿Aguardas por ventura,
discreta y generosa Casilina,
a que la edad madura,
y el tiempo codicioso, que camina,
roben, groseros siempre en sus agravios, 5
oro a tus trenzas, perlas a tus labios?

¿Aguardas que los días
le pierdan el respeto a tu belleza?
¿En qué deidad confías,
viendo la ociosidad y la pereza 10
que los años han puesto en tu cabello,
que antes volaba libre por el cuello?

En tu rostro divino
ya se ven las pisadas y señales

>   que del largo camino 15
>   dejan los pies del Tiempo desiguales [19],
>   y ya tu flor hermosa y tu verano
>   padece injurias del invierno cano [20].
>
>   Un roble se hace viejo,
>   y una montaña. Goza tu hermosura, 20
>   antes que en el espejo,
>   con unos mismos ojos, tu figura,
>   Casilina, la mires y la llores,
>   debiéndoles el fruto a tantas flores.
>
>   Goza la luz del día, 25
>   que no hay rienda que pare al Tiempo leve;
>   y es tal su tiranía,
>   que ningún ruego ni oración le mueve.
>   Atropella tesoros y belleza;
>   ni vuelve atrás, ni aguarda, ni tropieza. 30
>
>   Y vendrá la triste hora
>   en que, mustio el semblante idolatrado,
>   que envidiaba la Aurora,
>   dirás: «¿Por qué en mi tiempo celebrado
>   no tuve este deseo agradecido, 35
>   o ya no tengo el rostro que he tenido?».
>
>   Entonces, pues, tu mano,
>   facción [21] no hallando digna de respeto
>   en tu semblante cano,
>   ni de la rosa aquel color perfeto, 40

---

[19] *los pies del Tiempo desiguales:* en la mitología clásica, se representaba al Tiempo como un dios que cojeaba.

[20] *cano:* lleno de canas.

[21] *facción:* rasgo o parte del rostro humano.

se atreverá a tu frente ya arrugada
y contra tus despojos será osada.

   ¿Por cuánto no querrías
llegar ociosa a iguales desengaños,
a tan amargos días,   45
a fin tan triste de tan dulces años,
donde aun la flor del ánimo se pierde,
a tal invierno de una edad tan verde?

   Pero cuando, obstinada,
llegues a los umbrales de la muerte,   50
si con la voz turbada
me llamares, iré gozoso a verte;
y Fabio gozará en tu paraíso,
ya que no lo que quiere, lo que quiso.

   La beldad huye muda: 55
goza de tu florida edad lozana,
que ni Venus [22] desnuda,
ni ceñida dos veces tu Dïana [23],
valdrán para agradarme y agradarte,
sin que una martirice y otra harte.   60

   Coronemos con flores
el cuello, antes que llegue el negro día.
Mezclemos los amores
con la ambrosia [24] mortal que la vid cría.
Y de los labios el aliento flaco
nos acuerde de Venus y de Baco [25].

---

[22] *Venus:* diosa del amor y de la hermosura.

[23] *Diana:* diosa de la caza.

[24] *ambrosía:* alimento de los dioses. Repárse en la reducción del díptongo a una sílaba por la sinéresis.

[25] *Baco:* dios del vino.

[11]

Comentario: Quevedo, en los cuartetos, desarrolla dos conceptos con los que representa a la amada envuelta en su cabello rubio (v. 1) y llorando (v. 2). Las imágenes de los ríos amplían el significado anterior: el cabello es como el Tajo porque este movía arenas de oro y las lágrimas se asemejan al Nilo por las inundaciones de este río. La figura de la «tórtola» (v. 10) —según la tradición, este pájaro al enviudar canta eternamente su dolor— sirve de contrapunto a la soledad de la amada.

A FILI, QUE SUELTO EL CABELLO, LLORABA AUSENCIAS DE SU PASTOR

Soneto

Ondea el oro en hebras proceloso [26];
corre el humor [27] en perlas hilo a hilo;
juntó la pena el Tajo con el Nilo,
este creciente, cuando aquel precioso.

Tal el cabello, tal el rostro hermoso   5
asiste en Fili al doloroso estilo,
cuando por las ausencias de Batilo [28],
uno derrama rico, otro lloroso.

---

[26] *proceloso:* «lo que frecuentemente padece tempestades y tormentas» *(D. A.).*

[27] *humor:* «en los cuerpos vivientes son aquellos licores de que se nutren y mantienen […] como la sangre, la cólera, flema y melancolía» *(D. A.).*

[28] *Batilo:* como *Fili,* es nombre pastoril.

Oyó gemir con músico lamento
y mustia y ronca voz tórtola amante,   10
amancillando querellosa [29] el viento.

Dijo: «Si imitas mi dolor constante,
eres lisonja [30] dulce de mi acento;
si le compites, no es tu mal bastante».

[12]

Comentario: Quevedo crea una escena bucólica para desarrollar dos ideas: *a)* la soledad del amante que funde su sentimiento con el de la Naturaleza (vv. 1-2), y *b)* la tristeza y el dolor que se derivan de ese estado. Quevedo elige dos conceptos para explicar estas emociones: 1, la fuente (símbolo que llega hasta Machado), y 2, las lágrimas que hacen crecer el caudal de la fuente. La reflexión final sostiene la antítesis «llama/agua»: las lágrimas del amante le hacen arder más.

A UNA FUENTE, DONDE SOLÍA LLORAR LOS DESDENES DE FILI

Soneto

Esta fuente me habla, mas no entiendo
su lenguaje, ni sé lo que razona.

---

[29] *amancillando querellosa:* ofendiendo con quejas.
[30] *lisonja:* «metafóricamente se toma por lo que agrada, deleita y da gusto a los sentidos» *(D. A.).*

Sé que habla de amor y que blasona[31]
de verme a su pesar por Flori ardiendo.

   Mi llanto, con que crece, bien le entiendo,   5
pues mi dolor y mi pasión pregona:
Mis lágrimas el prado las corona;
vase con ellas el cristal riendo.

   Poco mi corazón debe a mis ojos,
pues dan agua al agua y se la niegan   10
al fuego que consume mis despojos.

   Si no lo ven, porque llorando ciegan,
oigan lo que no ven a mis enojos:
déjanme arder y la agua misma anegan.

[13]

Comentario: Al igual que en el poema 10, Quevedo repite el tópico de aconsejar a una joven que se aproveche de su juventud mientras dure: el *carpe diem*. A diferencia de Garcilaso («En tanto que de rosa y d'azucena») y de Góngora («Mientras por competir con tu cabello»), Quevedo insiste en la idea obsesiva de la fugacidad del tiempo: vv. 12-14, y se centra solo en las imágenes de las flores.

---

[31] *blasona:* ostenta, se precia.

CON EJEMPLOS MUESTRA A FLORA LA BREVEDAD DE LA HERMOSURA PARA NO MALOGRARLA

Soneto

La mocedad del año, la ambiciosa
vergüenza del jardín, el encarnado
oloroso rubí[32], Tiro[33] abreviado,
también del año presunción hermosa;

la ostentación lozana de la rosa, 5
deidad del campo, estrella del cercado[34],
el almendro[35], en su propia flor nevado,
que anticiparse a los calores osa:

reprehensiones[36] son, ¡oh Flora!, mudas
de la hermosura y la soberbia humana, 10
que a las leyes de flor está sujeta.

Tu edad se pasará mientras lo dudas;
de ayer te habrás de arrepentir mañana,
y tarde y con dolor serás discreta[37].

---

[32] *rubí:* metáfora por clavel.
[33] *Tiro:* alusión al color rojo, por el tinte de Tiro.
[34] *cercado:* huerto o jardín rodeado de tapias.
[35] *almendro:* la flor del almendro sale antes que las hojas y es, por ello, símbolo de la temprana juventud.
[36] *reprehensiones:* amonestaciones o correcciones.
[37] *discreta:* con cordura y buen juicio.

[14]

Comentario: Quevedo diferencia en este soneto el *amar* intelectual, platónico (v. 9), del *querer* interesado solo por la satisfacción del deseo (vv. 10-11). La originalidad del poema se encuentra en su planteamiento: la contradicción inicial («amase»/«no quisiese»: vv. 1-2) se desenvuelve de forma coloquial, al mostrar la queja de Quevedo dirigida a un amigo. En cambio, el último terceto es sobrecogedor: el amor atraviesa la muerte, con la enumeración «es…será…fue…» del v. 12, para quedar fijado en la eternidad de amar.

AMOR QUE SIN DETENERSE EN EL AFECTO SENSITIVO PASA AL INTELECTUAL

Soneto

Mandome, ¡ay Fabio!, que la amase Flora,
y que no la quisiese; y mi cuidado,
obediente y confuso y mancillado [38],
sin desearla, su belleza adora.

Lo que el humano afecto siente y llora,   5
goza el entendimiento, amartelado [39]
del espíritu eterno, encarcelado
en el claustro mortal que le atesora.

Amar es conocer virtud ardiente;
querer es voluntad interesada,   10
grosera y descortés caducamente.

---

[38] *mancillado:* «manchado, ofendido y afeado con mancha» *(D.A.).*
[39] *amartelado:* «el que quiere y ama mucho a otro» *(D.A.).*

El cuerpo es tierra, y lo será, y fue nada;
de Dios procede a eternidad la mente:
eterno amante soy de eterna amada.

[15]

Comentario: Quevedo defiende la idea platónica de que la hermosura solo puede compararse al movimiento; por ello, y usando su experiencia, afirma que en la hermosura no caben medidas (vv. 1-2), no es un «número» (vv, 3-4) y no puede asemejarse a la armonía (vv. 5-8). La hermosura solo es equiparable al movimiento; para demostrarlo, Quevedo agiliza el ritmo a partir de los tercetos: aumenta el número de verbos, concentra seis formas verbales en las rimas y rompe la anáfora de los vv. 9-10 («Puédese…»/«puédese…») con el v. 11 («…puede verse»). La imagen del fuego amoroso (v. 13), al recibir este tratamiento filosófico, adquiere una dimensión nueva de la que carecía el tópico.

QUIERE QUE LA HERMOSURA CONSISTA EN EL MOVIMIENTO

Soneto

No es artífice, no, la simetría
de la hermosura que en Floralba veo;
ni será de los números trofeo
fábrica[40] que desdeña al sol y al día.

---

[40] *fábrica:* «edificio suntuoso» *(D. A.).*

No resulta de música armonía 5
(perdonen sus milagros en Orfeo[41]),
que bien la reconoce mi deseo
oculta majestad que el cielo envía.

Puédese padecer, mas no saberse;
puédese codiciar, no averiguarse, 10
alma que en movimientos puede verse.

No puede en la quietud difunta hallarse
hermosura, que es fuego en el moverse,
y no puede viviendo sosegarse.

[16]

Comentario: La construcción del soneto es similar a la del poema 14: el primer cuarteto, en tono coloquial (obsérvense la exclamación, los puntos suspensivos, las interrogaciones), dispone el asunto de que habla Quevedo: ha soñado su unión amorosa con Floralba; el segundo cuarteto rompe este esquema, desarrollando tópicos cancioneriles con los que explica el sueño; nuevo cambio en el terceto, en donde asoma el interior del poeta, envuelto en la paradoja y en el misterio del sueño; el segundo terceto marca ya la conclusión con la antítesis (en realidad, aquí, equivalencia) «vida»/«muerte». De nuevo, se insiste en que el sueño es otra realidad, semejante a la muerte (v. 13), y aun así preferible a la vida (v. 14).

---

[41] *Orfeo:* padre de la música.

AMANTE AGRADECIDO A LAS LISONJAS [42] MENTIROSAS DE UN SUEÑO

Soneto

¡Ay, Floralba! Soñé que te... ¿Direlo?
Sí, pues que sueño fue: que te gozaba.
¿Y quién, sino un amante que soñaba,
juntara tanto infierno a tanto cielo?

Mis llamas con tu nieve y con tu hielo,   5
cual suele opuestas flechas de su aljaba [43]
mezclaba Amor [44], y honesto las mezclaba,
como mi adoración en su desvelo.

Y dije: «Quiera Amor, quiera mi suerte,
que nunca duerma yo, si estoy despierto,   10
y que si duermo, que jamás despierte».

Mas desperté del dulce desconcierto:
y vi que estuve vivo con la muerte,
y vi que con la vida estaba muerto.

[17]

Comentario: Nuevo ejemplo de las perífrasis o rodeos que Quevedo montaba para ponderar la belleza de una

---

[42] *lisonjas:* adulaciones.
[43] *aljaba:* caja donde se llevaban las flechas.
[44] *Amor:* el dios niño Amor, como juego, disparaba al azar sus flechas de oro, que causaban amor, o sus flechas de plomo, que provocaban odio.

dama: un pintor renuncia a retratarla porque le ciega el fuego de sus ojos y, además, porque se siente incapaz de encontrar tonalidades (vv. 5 y 7) con que pintar el cuadro. Solo el espejo puede reflejar la hermosura de la dama. La originalidad del poema procede de la disposición de la intriga con que se van anudando los tópicos amorosos hasta la perfecta enumeración del v. 14.

DIFICULTA EL RETRATAR UNA GRANDE HERMOSURA, QUE SE LO HABÍA MANDADO, Y ENSEÑA EL MODO QUE SOLO ALCANZA PARA QUE FUESE POSIBLE

Soneto

Si quien ha de pintaros ha de veros,
y no es posible sin cegar miraros,
¿quién será poderoso a retrataros,
sin ofender su vista y ofenderos?

En nieve y rosas quise floreceros,   5
mas fuera honrar las rosas y agraviaros;
dos luceros por ojos quise daros,
mas ¿cuándo lo soñaron los luceros?

Conocí el imposible en el bosquejo[45],
mas vuestro espejo a vuestra lumbre propia   10
aseguró el acierto en su reflejo.

Podráos él retratar sin luz impropia,
siendo vos de vos propria, en el espejo,
original, pintor, pincel y copia.

---

[45] *bosquejo*: «la pintura que está con los primeros colores, que aún no se distingue bien» *(D.A.)*.

[18]

Comentario: Este soneto muestra lo forzada que llegaba a ser, en algún caso, la poesía barroca: como la poetisa se llamaba «Antonia» y su nombre comienza por la «a», todas las palabras con que compone Quevedo el poema empiezan por esa vocal.

CELEBRA A UNA DAMA POETA, LLAMADA ANTONIA

Soneto

Antes alegre andaba; agora apenas
alcanzo alivio, ardiendo aprisionado;
armas a Antandra aumento acobardado;
aire abrazo, agua aprieto, aplico arenas.

Al áspid adormido, a las amenas   5
ascuas acerco atrevimiento alado;
alabanzas acuerdo al aclamado
aspecto, a quien admira antigua Atenas.

Agora, amenazándome atrevido,
Amor aprieta aprisa arcos, aljaba;   10
aguardo al arrogante agradecido.

Apunta airado: al fin, amando, acaba
aqueste amante al árbol alto asido,
adonde alegre, ardiendo, antes amaba.

[19]

Comentario: Quevedo es capaz de construir un edificio de belleza poética sobre un motivo superficial: una dama se ha quemado un rizo del cabello (rubio, por supuesto) al acercar demasiado una vela. De inmediato, la prodigiosa imaginación de Quevedo se dispara asociando imágenes, buscando semejanzas en tópicos amorosos, metáforas tradicionales y alusiones mitológicas. La oposición «llama» (v. 2)/«nieve» (v. 8) desarrolla el argumento inicial, mientras que los dos tercetos acumulan conceptos que realzan la hermosura del cabello: la imagen del «sol» (v. 4) se recoge ahora en la metáfora «ondosas minas» (por «rizos») y en la narración que cuenta cómo Eróstrato incendió el templo de Diana; todo para disculpar la codicia de la llama que quería arder, brillar aún más en el rizo de la dama.

A AMINTA, QUE PARA ENSEÑAR EL COLOR DE SU CABELLO LLEGÓ UNA VELA Y SE QUEMÓ UN RIZO QUE ESTABA JUNTO AL CUELLO

Soneto

Enriquecerse quiso, no vengarse,
la llama que encendió vuestro cabello;
que de no codiciarle, y poder vello,
ni el tesoro del sol podrá librarse.

Codicia fue, que puede mal culparse,   5
robarle quien no pudo merecello;
milagro fue pasar por vuestro cuello
y en tanta nieve no temer helarse.

O quiso introducir en sol su llama,
y aprender a ser día, a ser Aurora,   10
en las ondosas minas que derrama,

o la hazaña de Eróstrato, traidora,
repite, y buscar por delitos fama,
quemando al sol el templo que él adora.

[20]

Comentario: Quevedo parte de una leyenda mitológica (vv. 1-4) para alabar los ojos de una dama. Sobre una realidad superior (la leyenda), el poeta coloca una realidad aún más excelsa y admirable (los ojos). Con el paralelismo de los vv. 4 y 10, Quevedo logra hiperbolizar los efectos destructivos causados por los ojos crueles de la amada (v. 8), cuyo poder teme el propio Júpiter, que queda completamente ridiculizado (v. 15). En *La Hora de todos,* Quevedo desarrolla de manera magistral la burla mitológica (véanse también poemas 99 y 100).

EXCLAMA A JÚPITER CONTRA UNOS OJOS A QUIEN EL MISMO JÚPITER TEME

Madrigal

 Júpiter, si venganza tan severa
tomaste de Faetonte [46]
porque, descaminando el Sol al día,
encendió el río, el mar, el llano, el monte,
¿cuánto mayor conviene,   5
si tu brazo el valor antiguo tiene,

---

[46] *Faetonte:* o Faetón, hijo del Sol; se apoderó del carro de su padre y se le desbocaron los caballos; a punto estuvo de incendiar el Universo, y Júpiter lo derribó con un rayo.

que la tomen agora tus enojos
de aquellos sin piedad divinos ojos
que abrasan desde el suelo
hombre y dioses, mar y tierra, y cielo? 10
Mas ¿con qué rayos puedes castigallos,
si para fulminar miras con ellos,
si vibras en las nubes sus cabellos,
si padeces sus lumbres con mirallos?
Disimula, sí, de ellos, pues se quejan, 15
y fulmina la parte que te dejan.

[21]

Comentario: Hasta desarrollando un tema burlesco podía Quevedo poetizar con seriedad y definir el amor y sus efectos. El tópico de que el enamorado es un enfermo conduce a la sátira de la figura de los médicos (vv. 1-20). Esta grotesca situación inicial enmarca la enumeración de los síntomas de la enfermedad y de las reacciones observadas en el amante: perífrasis que persigue realzar la belleza de la dama (vv. 21-48). Quevedo, al volver en las últimas estrofas a ridiculizar la figura del doctor (vv. 49-64), cierra el poema con una simetría que mantiene el tono humorístico.

ALEGÓRICA ENFERMEDAD
Y MEDICINA DE AMANTE

Romance

Muérome yo de Francisca,
buen doctor, y tus recetas

el tabardillo[47] me curan
y la Francisca me dejan.
   Ansí, pues, siempre te llamen 5
los que de ti no se acuerdan,
y solo vivas de cuantos
contra la vida pelean;
   y ansí duren dos mil años
tus dos guantes en conserva, 10
y tu mula por las calles
no te lleve con mareta[48];
   y ansí, a matarla, de ti
tu propria silla no aprenda,
y mendigando tercianas[49] 15
te lleve de puerta en puerta,
   que escuches con atención
mi enfermedad a mi lengua,
por si cuando a errarla tiras,
acaso a curarla aciertas. 20
   Mi corazón, lo primero,
en fiebre hermosa se quema,
y el viento de mis suspiros
más le enciende que le templa.
   Mi esperanza y mi temor, 25
que desabrigados tiemblan,
en el frío de un desdén
a todas horas se hielan.

---

[47] *tabardillo:* «enfermedad peligrosa, que consiste en una fiebre maligna, que arroja al exterior una manchas pequeñas como picaduras de pulga» *(D.A.).*

[48] *mareta:* «el movimiento de las aguas» *(D.A.).*

[49] *tercianas:* «especie de calentura intermitente, que repite el tercer día» *(D.A.).*

Si ves mis merecimientos
y conoces mi soberbia,　　　　　　　　　　　　30
sin duda del frenesí [50]
querrás curar mi cabeza.

　　Témese de hidropesía [51]
mi ardiente sed, pues se aumenta
y arde más, aunque mis ojos　　　　　　　　　35
mares de lágrimas viertan.

　　Soles me han muerto, y también
sereno de dos estrellas;
mucha nieve en cuerpo y manos;
mucho incendio de oro en trenzas.　　　　　　40

　　Por beber yo con la vista
en labios, coral y perlas,
preciosa muerte me aguarda,
después de rica dolencia.

　　Tengo un donaire [52] arraigado　　　　　　45
dentro en las entrañas mesmas;
un pujamiento [53] de celos;
un crecimiento de penas.

　　No estudies mi enfermedad
en Galeno [54] ni Avicena [55]:　　　　　　　　50

---

[50] *frenesí:* «especie de locura, o delirio acompañado de calentura» *(D. A.).*

[51] *hidropesía:* acumulación de líquido en cualquier cavidad del cuerpo.

[52] *donaire:* gallardía, gentileza.

[53] *pujamiento:* «crecimiento de la sangre que hace fuerza por salir» *(D. A.).*

[54] *Galeno:* famoso médico griego (131-201); su nombre, por antonomasia, designa al médico.

[55] *Avicena:* médico árabe de gran sabiduría (980-1037); se le atribuyeron diversos tratados de medicina que llevaron su nombre.

que no cabe en aforismos [56]
mi dolor y mi tristeza.
    Mis sangrías han de ser
del alma, no de las venas;
la aljaba ha de ser estuche [57],   55
y los arpones, lancetas [58].
    El Hipócrates [59] Amor
los remedios solo enseña
que sanan, y de favores
los recipes [60] que aprovechan.   60
    Del pulso de los amantes
cura las intercadencias [61],
templando solo el desdén,
y hace burla de otras letras.

---

[56] *aforismos:* «sentencia breve y doctrinal» *(D.A.).*

[57] *estuche:* «caja pequeña donde se traen las herramientas de tijeras, punzón, cuchillo y otras piezas» *(D.A.).*

[58] *lancetas:* «instrumentos de acero muy agudo y delgado, de que usan los sangradores para romper la vena» *(D.A.).*

[59] *Hipócrates:* famoso médico griego del siglo v a. C.

[60] *recipes:* recetas.

[61] *intercadencias:* «desigualdad en el movimiento del pulso o interrupción de él» *(D.A.).*

2. CANTA SOLA A LISI, Y LA AMOROSA PASIÓN DE SU AMANTE

[22]

Comentario: Nueva formulación de la antítesis «agua»/«fuego», desarrollada en diversas imágenes, originales por el modo en que Quevedo las ha combinado. El cuarteto 1 se centra en la idea de las «lágrimas» y el cuarteto 2 en el concepto de las «llamas»: los dos términos se disponen con simetría (v. 2/v. 6) y generan nuevos tópicos, también simétricos (v. 1: «ciego por llorar» y v. 5: «el corazón arde en el amor»). Los tercetos reúnen los contrarios «agua»/«fuego», amplificados en la nueva oposición «ríos»/«incendios», que muestra perfectamente la contradicción que habita al poeta.

PADECE ARDIENDO Y LLORANDO SIN QUE LE REMEDIE LA OPOSICIÓN DE LAS CONTRARIAS CALIDADES

Soneto

Los que ciego me ven de haber llorado
y las lágrimas saben que he vertido,
admiran de que, en fuentes dividido
o en lluvias, ya no corra derramado.

Pero mi corazón arde admirado   5
(porque en tus llamas, Lisi, está encendido)

de no verme en centellas repartido,
   y en humo negro y llamas desatado.

   En mí no vencen largos y altos ríos
   a incendios, que animosos me maltratan,   10
   ni el llanto se defiende de sus bríos.

   La agua y el fuego en mí de paces tratan;
   y amigos son, por ser contrarios míos;
   y los dos, por matarme, no se matan.

[23]

Comentario: Los poemas amorosos de Quevedo son ensayos con que intentaba construir la forma más original para disponer los tópicos e imágenes que le suministraba la tradición. Aquí, la relación «amor»/«muerte» (v. 1) se desarrolla en tres bellas imágenes: *a)* cuarteto 2, la ceniza del amante conserva el fuego del amor; *b)* terceto 1, la memoria del amante podrá regresar desde el reino de los muertos; *c)* terceto 2, fusión de las dos ideas: la hermosura de la amada sobrevivirá en la fe amorosa del amante, que, a pesar de «no ser», seguirá amando (v. 14). El orden de estos conceptos se invierte en el soneto siguiente.

AMOR IMPRESO EN EL ALMA, QUE DURA DESPUÉS DE LAS CENIZAS

Soneto

   Si hija de mi amor mi muerte fuese,
   ¡qué parto tan dichoso que sería

el de mi amor contra la vida mía!
¡Qué gloria, que el morir de amar naciese!

Llevara yo en el alma, adonde fuese,   5
el fuego [1] en que me abraso; y guardaría
su llama fiel con la ceniza fría
en el mismo sepulcro en que durmiese.

De esotra parte [2] de la muerte dura,
vivirán en mi sombra mis cuidados,   10
y más allá del Lete [3] mi memoria.

Triunfará del olvido tu hermosura;
mi pura fe y ardiente, de los Hados [4],
y el no ser, por amar, será mi gloria.

[24]

Comentario: Quevedo logra en este soneto la más bella recreación poética de la oposición «amor»/«muerte». La riqueza y la complejidad del entramado lingüístico dotan a las imágenes de una gran fuerza expresiva: así, por ejemplo, los tópicos de que la muerte se llevará la vida (vv. 1-2) y de que la Hora separará el cuerpo del alma (vv. 3-4) resultan potenciados por la asociación «infinitivo + futuro» de los vv. 1-3, con una disposición

---

[1] *fuego:* pasión amorosa.

[2] *De esotra parte:* Desde la otra parte.

[3] *Lete:* el río Leteo dividía el mundo de los vivos del reino de los muertos; quien bebía de sus aguas perdía la memoria.

[4] *los Hados:* divinidades que marcaban el destino del hombre y pronosticaban el futuro.

simétrica y opuesta a la vez. El segundo cuarteto distribuye la misma construcción formal, pero a lo largo de tres versos, como si Quevedo buscara mitigar el inevitable acto de la muerte dibujado en el primer cuarteto. Pero son los tercetos los que consiguen los efectos poéticos más impresionantes: dos enumeraciones, con tres términos cada una; en el primer terceto se presentan tres sujetos («alma», «venas», «medulas») subordinados a tres oraciones que explican su función amorosa mientras el cuerpo vivía; son sintagmas inacabados, porque cada uno se completa significativamente con los tres verbos del segundo terceto, en cuyas oraciones adversativas Quevedo mostrará la victoria del amor sobre la muerte; estos hipérbatos deben resolverse: v. 9 → v. 12, v. 10 → v. 13, v. 11 → v. 14. Obsérvese cómo Quevedo sitúa, al final del primer terceto, tres verbos en pasado para señalar el irreversible acabamiento de la vida, mientras que en el segundo terceto, los verbos se disponen al principio, son futuros y animan las significaciones amorosas con que se cierran los versos.

AMOR CONSTANTE MÁS ALLÁ DE LA MUERTE

Soneto

Cerrar podrá mis ojos la postrera
sombra [5] que me llevare el blanco día [6],
y podrá desatar esta alma mía
Hora [7], a su afán ansioso lisonjera [8];

---

[5] *postrera sombra:* muerte.

[6] *blanco día:* vida.

[7] *Hora:* imagen de la Muerte y último instante de la vida.

[8] «halagadora del ansioso deseo del alma por morir».

>   mas no de esotra parte en la ribera   5
> dejará la memoria, en donde ardía:
> nadar sabe mi llama la agua fría,
> y perder el respeto a ley severa [9].
>
> Alma a quien todo un dios [10] prisión ha sido,
> venas que humor [11] a tanto fuego han dado,   10
> medulas [12] que han gloriosamente ardido,
>
>   su cuerpo dejará, no su cuidado [13];
> serán ceniza, más tendrá sentido;
> polvo serán, mas polvo enamorado.

[25]

Comentario: El soneto se construye con una gran perfección simétrica: los dos cuartetos reconstruyen la belleza tópica de la dama y los dos tercetos muestran el atormentado interior del amante. La descripción de la hermosura de Lisi se ajusta, de nuevo, a los moldes establecidos por Petrarca, intérprete de la teoría del amor cortés provenzal; la originalidad vuelve a lograrse en la construcción formal propuesta: así, para retratar los conceptos de los cuartetos (ojos: vv. 1-4; piel: vv. 5-6; boca: vv. 7-8), Quevedo utiliza la técnica de la metáfora doble: por ejemplo, porque «incendio hermoso» es metáfora de mirada, se puede decir

---

[9] Este segundo cuarteto alude al río Leteo: el cuerpo sin vida del amante lo cruza para ingresar en el reino de los muertos, pero su memoria recordará el amor en que ardía (v. 6) y podrá regresar al mundo de los vivos (v. 7), transgrediendo la ley que lo prohibía (v. 8).

[10] *dios:* es el dios del amor.

[11] *humor:* líquido; aquí, figuradamente alimento o vida.

[12] *medulas:* «la sustancia incluida en otra más sólida» *(D. A.).*

[13] *cuidado:* pasión amorosa.

que «dos esferas breves» (o soles) son metáfora de ojos; esta complicada trama lingüística permite que tópicos tan gastados adquieran nueva fuerza expresiva. El primer terceto presenta psicológicamente a la dama: la metáfora «piedra endurecida» la muestra, con rigor, desdeñosa del amante; en esta imagen Quevedo reúne su descripción física y monta el segundo juego de metáforas («fortificado», «yace», «sepultado») para significar su desesperado goce: vivir eternamente en el «cielo» (v. 14) de Lisi.

SEPULCRO DE SU ENTENDIMIENTO EN LAS PERFECCIONES DE LISI

Soneto

En este incendio hermoso [14] que, partido
en dos esferas breves [15], fulminando,
reina glorioso, y con imperio [16] blando
autor es de un dolor tan bien nacido;

en esta nieve [17], donde está florido   5
mayo [18], los duros Alpes matizando;
en este Oriente [19], donde están hablando
por coral [20] las sirenas [21] del sentido;

---

[14] *incendio hermoso:* mirada.

[15] *esferas breves:* ojos.

[16] *imperio:* dominio.

[17] nieve: por color blanco de la piel.

[18] *mayo:* por el tinte rosáceo de la piel.

[19] *Oriente:* la boca de la dama, porque en los mares de Oriente se encuentran las perlas más finas.

[20] *coral:* los labios rojos.

[21] *sirenas:* los labios cuando hablan son como sirenas porque anulan el sentido de quien los escucha.

> debajo de esta piedra endurecida [22],
> en quien mi afecto está fortificado [23]
> y quedó mi esperanza convertida,

> yace mi entendimiento fulminado.
> Si es su inscripción mi congojosa vida,
> dentro del cielo [24] viva sepultado.

10

[26]

Comentario: Quevedo muestra en este soneto cómo una perfecta integración de conceptos puede reconstruir sensaciones y experiencias reales. Quevedo parte de un simple hecho: Lisi ha deslazado su cabello (v. 4), mientras él la contemplaba. De inmediato, para contener esa imagen, el poeta define su corazón, en el primer cuarteto, con cuatro conceptos, luego desarrollados con ejemplos mitológicos: 1) «crespa tempestad»/«nada golfos»: Leandro (vv. 5-6); 2) oro «de luz ardiente»: Ícaro (vv. 7-8) y Fénix (vv. 9-11); 3) oro «de luz... pura»: Midas (vv. 12-13); 4) «sediento de hermosura»: Tántalo (v. 14). Las referencias mitológicas surgen del primer cuarteto y significan la angustiosa ansiedad del amor de Quevedo, ya que cada personaje mencionado es metáfora de su corazón (v. 3), verdadero protagonista de las leyendas aludidas.

---

[22] *piedra endurecida:* el desdén de la dama.
[23] *fortificado:* en la poesía cancioneril, es frecuente comparar el galanteo a una dama con el asedio bélico a una ciudad fortificada.
[24] *cielo:* la amada.

AFECTOS VARIOS DE SU CORAZÓN FLUCTUANDO EN LAS ONDAS DE LOS CABELLOS DE LISI

Soneto

En crespa tempestad del oro undoso [25],
nada golfos [26] de luz ardiente y pura
mi corazón, sediento de hermosura,
si el cabello deslazas generoso.

Leandro [27], en mar de fuego proceloso [28],   5
su amor ostenta, su vivir apura;
Ícaro [29], en senda de oro [30] mal segura,
arde sus alas por morir glorioso.

Con pretensión de Fénix [31], encendidas
sus esperanzas, que difuntas lloro   10
intenta que su muerte engendre vidas.

---

[25] *oro undoso:* cabello rubio rizado.

[26] *golfos:* mares.

[27] *Leandro:* cruzaba a nado el Helesponto todas la noches para ver a su amada Hero; murió ahogado por una tormenta (véanse poemas 57 y 100).

[28] *proceloso:* tormentoso.

[29] *Ícaro:* hijo de Dédalo, constructor del laberinto de Creta; los dos se escaparon de él con unas alas de plumas pegadas con cera; Ícaro se acercó demasiado al sol y el calor le despegó las alas, por lo que murió cayendo al mar.

[30] *senda de oro:* camino del sol y cabello de la dama.

[31] *Fénix:* ave mitológica que renacía de sus cenizas, volviéndose a quemar para renacer de nuevo.

> Avaro y rico y pobre, en el tesoro,
> el castigo y la hambre imita a Midas [32],
> Tántalo [33] en fugitiva fuente de oro.

[27]

Comentario: Juego poético trazado sobre la tópica imagen del Amor como un dios niño vendado, con arco y flechas. El soneto es un enigma: las preguntas de los cuartetos generan una intriga acerca de los motivos de tal interrogatorio. Quevedo aprovecha para definir las características del amor como en los poemas 1, 2, 3 y 4. El primer terceto proporciona la clave del enigma, puesto que permite la equivalencia «con alas y vendado» = «gallina ciega» (vv. 10 y 14), con que se manifiesta la victoria de Lisi sobre el Amor.

SONETO AMOROSO

> Si dios eres, Amor, ¿cuál es tu cielo?
> Si señor, ¿de qué renta y de qué estados?
> ¿Adónde están tus siervos y criados?
> ¿Dónde tienes tu asiento en este suelo?
>
> Si te disfraza nuestro mortal velo, 5
> ¿cuáles son tus desiertos y apartados?

---

[32] *Midas:* obtuvo la gracia de convertir en oro todo lo que tocaba; al no poder comer ni beber, debió solicitar la supresión de tal don.

[33] *Tántalo:* condenado a sufrir hambre y sed eternas, estaba encadenado al lado de una fuente y de unos árboles frutales: cuando quería beber, el agua se retiraba, y cuando quería comer, el viento levantaba las ramas.

Si rico, ¿dó tus bienes vinculados[34]?
¿Cómo te veo desnudo al sol y al hielo?

¿Sabes qué me parece, Amor, de aquesto?
Que el pintarte con alas y vendado,   10
es que de ti el pintor y el mundo juega.

Y yo también, pues solo el rostro honesto
de mi Lisis así te ha acobardado,
que pareces, Amor, gallina ciega.

[28]

Comentario: Desarrollo de imágenes derivadas de dos tópicos cancioneriles: 1, «la Muerte no asusta al amante porque ya ha muerto en vida» (vv. 1-2), y 2, «el amante no vive en sí, sino en la amada» (vv. 3-4). Obsérvese la repetición antitética de «Muerte» (v. 1)/«muerte» (v. 2) y «mi vida» (v. 3)/«mi vida» (v. 4), colocada simétricamente. Esta oposición le permite a Quevedo mostrar a Lisi vencedora hasta de la Muerte (cuarteto 2) y a él convertido en esa ceniza enamorada (terceto 1), como en los poemas 23 y 24.

ARTIFICIOSA EVASIÓN DE LA MUERTE, SI VALIERA; PERO, ENTRE TANTO, ES INGENIOSA

Soneto

Pierdes el tiempo, Muerte, en mi herida,
pues quien no vive no padece muerte;

---

[34] *vinculados:* bienes sujetos a transmisión de herencia.

si has de acabar mi vida, has de volverte
a aquellos ojos donde está mi vida.

    Al sagrado[35] en que habita retraída,   5
aun siendo sin piedad, no has de atreverte;
que serás vida[36], si llegase a verte,
y quedarás de ti desconocida.

    Yo soy ceniza que sobró a la llama;
nada dejó por consumir el fuego   10
que en amoroso incendio se derrama.

    Vuélvete al miserable[37], cuyo ruego,
por descansar en su dolor, te llama:
que lo que yo no tengo, no lo niego.

[29]

Comentario: La dualidad «desdén de la dama» («tu saña», v. 1)-«entrega amorosa del amante» («Alimenté… con la vida», v. 1) se desarrolla en dos magníficos versos bimembres: el v. 4 expone las características que mueven a los personajes y el v. 14 recoge la tensión poética sostenida en el soneto. La estructura es circular: el corazón del amante se convierte en infierno de amor, donde arderá Lisi, cautiva así de los ojos del amado, que eternamente avivarán el fuego a que han sido condenados.

---

[35] *sagrado:* «metafóricamente significa cualquier recurso o sitio que asegura de algún peligro aunque no sea lugar sagrado» *(D. A.).*

[36] *serás vida:* la Muerte se convertiría en vida si Lisi la mirara (paradoja hiperbólica).

[37] *miserable:* agonizante por cualquier causa menos por el amor.

IMAGINA HACER UN INFIERNO PARA LISI, EN CORRESPONDENCIA DEL INFIERNO DE AMOR QUE YA ELLA LE HABÍA HECHO

Soneto

Alimenté tu saña con la vida
que en eterno dolor calificaste[38],
¡oh, Lisi!; tanto amé como olvidaste:
yo tu idólatra fui, tú mi homicida.

¿Cómo guarecerá[39] fe tan perdida   5
y el corazón que, ardiente, despreciaste?
Siendo su gloria tú, le condenaste,
y ni de ti blasfema ni se olvida.

Mas para ti fabricará un infierno
y pagarán tus ansias mis enojos,   10
pues negaste piedad al llanto tierno.

Arderán tu victoria y tus despojos;
y ansí, fuego el Amor nos dará eterno:
a ti en mi corazón, a mí en tus ojos.

[30]

Comentario: Hay ocasiones en que Quevedo desecha las imágenes tópicas y utiliza sus propias vivencias para expresar el dolor de amar; la mayor intensidad la logra cuando funde su sentimiento amoroso con su desesperada

---
[38] *calificaste:* ennobleciste.
[39] *guarecerá:* curará.

angustia por la realidad de la muerte. Por ello, ahora usa otras imágenes, procedentes de sus poesías y de sus escritos metafísicos: las reflexiones sobre el transcurso del tiempo, sobre la brevedad de la vida, sobre las etapas que atraviesa el hombre, se convierten en agónicas realidades con las que puede comparar su desesperación amorosa. En este soneto Quevedo funde la certeza de un inmediato morir con la condición de un obstinado amar; la gran fuerza expresiva de los pensamientos que poetiza Quevedo se deben, sin ninguna duda, a que surgen directamente de su interior, no de lecturas ni de tradiciones asimiladas, sino —como ha señalado Dámaso Alonso— del «desgarrón afectivo» con que vivió el autor.

AMANTE DESESPERADO DEL PREMIO Y OBSTINADO EN AMAR

Soneto

¡Qué perezosos pies, qué entretenidos
pasos lleva la muerte por mis daños!
El camino me alargan los engaños
y en mí se escandalizan los perdidos [40].

Mis ojos no se dan por entendidos;   5
y por descaminar mis desengaños,
me disimulan la verdad los años
y les guardan el sueño a los sentidos.

---

[40] *perdidos:* viciosos.

Del vientre a la prisión [41] vine en naciendo,
de la prisión iré al sepulcro amando,   10
y siempre en el sepulcro estaré ardiendo.

   Cuantos plazos la muerte me va dando,
prolijidades [42] son, que va creciendo,
por que no acabe de morir penando.

[31]

Comentario: El punto de partida ahora es el tópico petrarquesco de presentar al amante como ejemplo negativo, para que otros escarmienten en él y no sigan sus pasos. Al fin y al cabo, es una lítotes desarrollada con amplitud y que busca realzar la fuerza arrolladora de la dama. Algunos conceptos metafísicos otorgan al soneto una gravedad moral, que refleja la angustia de Quevedo al sentir un amor que lo acerca a la realidad de la muerte; así, resultan muy efectivas las metáforas «jornada», «senda» y «camino» por vida, igual que el polípote «caminante», «camino», «caminado», que refuerza la idea de transcurso temporal.

EXHORTA A LOS QUE AMAREN, QUE NO SIGAN LOS PASOS POR DONDE HA HECHO SU VIAJE

Soneto

   Cargado voy de mí: veo delante
muerte que me amenaza la jornada;

---

[41] *prisión:* metáfora por vida.
[42] *prolijidades:* «la dilatación y extensión demasiada en la ejecución de alguna cosa» *(D. A.).*

ir porfiando por la senda errada
más de necio será que de constante.

Si por su mal me sigue ciego amante 5
(que nunca es sola suerte desdichada),
¡ay!, vuelva en sí y atrás: no dé pisada
donde la dio tan ciego caminante.

Ved cuán errado mi camino ha sido;
cuán solo y triste, y cuán desordenado, 10
que nunca ansí le anduvo pie perdido;

pues, por no desandar lo caminado,
viendo delante y cerca fin temido,
con pasos que otros huyen le he buscado.

[32]

Comentario: A través de dos planos simétricos, el soneto permite viajar del interior de Quevedo (cuartetos 1-2) al exterior de su vida y de sus acciones (tercetos 1-2). Los tópicos de «arder en el amor», de extender la «llama por las medulas» y quedar convertido en «ceniza amante» son frecuentes en la descripción con que Quevedo dibuja al amador (véanse poemas 23, 24 y 48), pero en este soneto la originalidad proviene de la imagen, «los claustros del alma», cuyo secreto silencioso («la herida») va a ser desvelado y mostrado exteriormente. Los tercetos añaden a esta imaginería, de nuevo, una angustia vital que va aumentando hasta que en el último verso una gran fuerza expansiva y una gran violencia estallan para definir un «corazón espantado» por la ansiedad de amar, imagen contraria por completo a ese «claustro callado» que abrió el poema.

PERSEVERA EN LA EXAGERACIÓN DE SU AFECTO AMOROSO Y EN EL EXCESO DE SU PADECER

Soneto

En los claustros del alma la herida
yace callada; mas consume, hambrienta,
la vida, que en mis venas alimenta
llama por las medulas extendida.

Bebe el ardor, hidrópica[43], mi vida, 5
que ya, ceniza amante y macilenta[44],
cadáver del incendio hermoso[45], ostenta
su luz en humo y noche fallecida.

La gente esquivo[46] y me es horror el día;
dilato en largas voces negro llanto, 10
que a sordo mar mi ardiente pena envía.

A los suspiros di la voz del canto;
la confusión inunda el alma mía;
mi corazón es reino del espanto.

---

[43] *hidrópica:* con sed insaciable.
[44] *macilenta:* «descolorida y extenuada» *(D. A.).*
[45] *incendio hermoso:* fuego creado por la herida amorosa.
[46] *esquivo:* evito.

3. POEMAS METAFÍSICOS

[33]

Comentario: Una de las constantes de la poesía metafísica de Quevedo consiste en lograr, desde el primer verso, un inmediato efecto de sorpresa, para conmocionar y causar extrañeza en el lector: sobrecogerlo de tal modo que quede ya prendido en la angustia del poema. Así, en el soneto, los dos primeros versos muestran a Quevedo gritando con desesperación, preguntando por la vida y sus años pasados, y ello con dos frases muy comunes en la época para llamar la atención de la gente. De inmediato, un cambio de ritmo: los vv. 3 y 4 vuelven al interior del poeta y lo presentan reflexionando sobre lo que le sucede. Pero no lo puede entender, y los vv. 5 y 6 dilatan de nuevo su dolor, en una terrible exclamación que lo conduce a asumir la vejez y la pérdida del tiempo (vv. 7-8). Por ello, los tercetos pueden ya definir la brevedad de la vida en que ha quedado convertido. Obsérvese que los vv. 9-10 desarrollan los términos «ayer», «mañana» y «hoy» tal como se perciben mientras se tiene vida, pero el v. 2 («hoy y mañana y ayer») los ordena de manera opuesta, tal como se sienten cuando se ha vivido. El verso más estremecedor es el 11, donde Quevedo sustantiva tres formas verbales con las que se define como un ser cansado, acabado, permanente «sucesión» (v. 14) de lo que ha sido y ya nunca podrá ser.

REPRESÉNTASE LA BREVEDAD DE LO QUE SE VIVE Y CUÁN NADA PARECE LO QUE SE VIVIÓ

Soneto

«¡Ah de la vida!» [1]... ¿Nadie me responde?
¡Aquí [2] de los antaños [3] que he vivido!
La Fortuna [4] mis tiempos ha mordido;
las Horas [5] mi locura las esconde.

¡Que sin poder saber cómo ni adónde
la salud y la edad se hayan huido!
Falta la vida, asiste lo vivido,
y no hay calamidad que no me ronde.

Ayer se fue; mañana no ha llegado;
hoy se está yendo sin parar un punto [6]:
soy un fue, y un será, y un es cansado.

En el hoy y mañana y ayer, junto
pañales y mortaja, y he quedado
presentes sucesiones de difunto.

---

[1] *«¡Ah de la vida!»:* imitación de llamadas como «¡Ah de la casa!» o «¡Ah de la posada!».

[2] *¡Aquí...!:* nueva imitación de frases hechas con que se solicitaba ayuda, por ejemplo «¡Aquí de los nuestros!».

[3] *antaños:* los años pasados.

[4] *Fortuna:* diosa que dirigía el destino de los hombres.

[5] *Horas:* en la mitología griega, suma de momentos que se han vivido.

[6] *un punto:* un instante.

[34]

Comentario: Quevedo formula en este soneto su concepción estoica de la vida; el paralelismo de los dos primeros versos muestra con claridad cómo el «sueño», que es la vida antes de nacer (la «nada» del v. 2), se convertirá inmediatamente (por eso sucede en el mismo endecasílabo) en «tierra», después de morir, o en ese «humo» (v. 2), al que quedarán reducidas las ambiciones del hombre. Para reforzar estas ideas, Quevedo demostrará cómo toda persona va muriendo, sin darse cuenta, mientras vive; de ahí, la metáfora militar desarrollada entre los vv. 4-8: el cuerpo del hombre asedia su propio vivir, ya que no puede evitar el envejecimiento y el paso de los años («mis años», v. 7). Sobre esta aceptación, el primer terceto dibuja el rápido transcurrir del tiempo y su conversión en muerte, ya que el v. 10 (el «hoy») se diluye en formas verbales que se precipitan, por un encabalgamiento, al v. 11, donde se asocian «muerte» y «autor». De esta forma, el último terceto convierte los instantes de la vida del hombre en esas terribles «azadas» (herramientas del sepulturero) con que cada persona (como un obrero: v. 13) cava, en su vivir, su tumba o «monumento» funerario (v. 14).

SIGNIFÍCASE LA PROPRIA BREVEDAD DE LA VIDA, SIN PENSAR, Y CON PADECER, SALTEADA DE LA MUERTE

Soneto

Fue sueño ayer, mañana será tierra:
poco antes nada, y poco después humo,

¡y destino[7] ambiciones! ¡y presumo,
apenas punto[8] al cerco que me cierra[9]!

Breve combate de importuna guerra,   5
en mi defensa, soy peligro sumo[10];
y mientras con mis armas[11] me consumo,
menos me hospeda el cuerpo, que me entierra.

Ya no es ayer; mañana no ha llegado;
hoy pasa, y es, y fue, con movimiento   10
que a la muerte me lleva despeñado.

Azadas[12] son la hora y el momento
que, a jornal[13] de mi pena y mi cuidado,
cavan en mi vivir mi monumento.

[35]

Comentario: Como en el soneto anterior, Quevedo funde la vida y la muerte en una misma realidad (v. 2); no existen límites entre las dos nociones, ya que el tiempo, en vez de separar, iguala. Ni siquiera la persona ambiciosa, que se deja llevar por la vanidad, podrá ser otra cosa que «tierra animada» (v. 8), metáfora ya presente en «cuerpo sepultada» (v. 4) y después ampliada en dos

---

[7] *destino:* designo ocupación y empleo.
[8] *punto:* instante, momento.
[9] *cierra:* concluye, acaba.
[10] *peligro sumo:* el mayor peligro.
[11] *armas:* el tiempo de la vida.
[12] *Azadas:* herramientas para cavar la tierra.
[13] *jornal:* salario que se paga día a día.

ejemplos, uno por cada terceto: *a)* el hombre es su «monumento» y aun así sueña con esperanzas, y *b)* le sucede como al navegante que sin darse cuenta llega a su fin, atravesando el mar («mar»: metáfora tradicional de la muerte). El v. 5 es el más estremecedor: una epanadiplosis explica cómo la vida proviene de la «nada» para convertirse en esa misma «nada»; entre los dos términos, tres formas verbales: el gerundio «siendo» inicia la continuidad o movimiento del vivir, enseguida detenido con el adverbio «poco» y concluido violentamente en el último futuro, «será», arrojado a la «nada» final.

DESCUIDO DEL DIVERTIDO [14] VIVIR A QUIEN LA MUERTE LLEGA IMPENSADA

Soneto

Vivir es caminar breve jornada,
y muerte viva es, Lico [15], nuestra vida,
ayer al frágil cuerpo amanecida,
cada instante en el cuerpo sepultada.

Nada que, siendo, es poco, y será nada   5
en poco tiempo, que ambiciosa olvida,

---

[14] *divertido:* distraído.

[15] *Lico:* nombre poético; Quevedo imita la costumbre clásica de dirigirse a un supuesto oyente, al que participa de sus sentimientos: es una perspectiva que permite que el lector se integre más profundamente en la estructura y contenido del poema.

pues, de la vanidad mal persuadida,
anhela duración, tierra animada.

Llevada de engañoso pensamiento
y de esperanza burladora y ciega, 10
tropezará en el mismo monumento,

como el que, divertido, el mar navega,
y, sin moverse, vuela con el viento,
y antes que piense en acercarse, llega.

[36]

Comentario: En este soneto, Quevedo enmarca la idea de brevedad de la vida en una angustiosa consideración sobre el tiempo, establecida en los versos iniciales. Coloca antes la reflexión sobre la temporalidad (cuarteto 1), para que desde ella se observe la realidad de la vida, en sus distintas edades y en su rápido transcurrir (cuarteto 2): por ello, el v. 5 presenta la «niñez», convertida en «juventud» en el v. 6 y precipitada en «postrer invierno» en el v. 7. La estructura o construcción del poema permite *sentir* ese paso del tiempo, que Quevedo ejemplifica consigo mismo en los dos tercetos: el primero presenta a los años de juventud riéndose de él (v. 11) y el segundo concluye con la amarga penitencia de verse arrepentido de su ambición, sin poder creer (v. 14) que ya ha llegado a ese final.

ARREPENTIMIENTO Y LÁGRIMAS DEBIDAS AL ENGAÑO DE LA VIDA

Soneto

Huye sin percibirse, lento, el día [16],
y la Hora secreta y recatada [17]
con silencio se acerca, y, despreciada,
lleva tras sí la edad lozana mía.

La vida nueva, que en niñez ardía,
la juventud robusta y engañada,
en el postrer invierno sepultada,
yace entre negra sombra y nieve fría.

No sentí resbalar, mudos, los años;
hoy los lloro pasados, y los veo
riendo de mis lágrimas y daños.

Mi penitencia deba a mi deseo,
pues me deben la vida mis engaños [18],
y espero el mal [19] que paso, y no le creo.

[37]

Comentario: Junto a la agónica y preexistencialista consideración de la muerte como un tránsito hacia la

---

[16] *el día:* metáfora idéntica a *La vida nueva* (v. 5): una y otra significan los años de juventud.

[17] *Hora secreta y recatada:* imagen del tiempo convertido en muerte.

[18] Los *engaños* han quitado la vida al poeta, por ello se la *deben*.

[19] *el mal:* «el perder la *edad lozana* y la *juventud*».

nada, Quevedo, en algunos sonetos, desarrolla la idea opuesta, derivada de la doctrina estoica: el hombre debe prepararse para aceptar el bien que supone la muerte. Y Quevedo dibuja aquí el modo en que él pasa de un pensamiento a otro: en el cuarteto 1 establece los tópicos con que la «última Hora» (v. 3) aparece arrastrando consigo el «temor y sombras» (v. 4) que envuelven al hombre. Obsérvese, en los vv. 1-2, la utilización de las vocales abiertas y la aliteración nasal que sugiere esa sensación de estremecimiento antes, incluso, de que aparezca la realidad de la muerte (vv. 3-4); Quevedo se muestra así en una situación de máxima angustia, que, a partir del cuarteto 2, irá serenándose en una postura de aceptación, que culmina con esa impensable actitud de espera del segundo terceto, cuyo último verso bimembre se abre a una solución religiosa: la «vida» terrenal acabe, pero el «vivir» espiritual comience.

CONOCE LA DILIGENCIA [20] CON QUE SE ACERCA LA MUERTE, Y PROCURA CONOCER TAMBIÉN LA CONVENIENCIA DE SU VENIDA, Y APROVECHARSE DE ESE CONOCIMIENTO

Soneto

Ya formidable y espantoso suena,
dentro del corazón, el postrer día [21];
y la última Hora, negra y fría,
se acerca, de temor y sombras llena.

---

[20] *diligencia:* «actividad y cuidado que se pone en lo que se desea conseguir» *(D. A.).*

[21] *postrer día:* el último día de la vida.

Si agradable descanso, paz serena 5
la muerte, en traje de dolor, envía;
señas da su desdén [22] de cortesía:
más tiene de caricia que de pena.

¿Qué pretende el temor desacordado [23]
de la que a rescatar, piadosa, viene 10
espíritu en miserias anudado?

Llegue rogada, pues mi bien previene;
hálleme agradecido, no asustado;
mi vida acabe y mi vivir ordene.

[38]

Comentario: El estoicismo como doctrina que aconseja aceptar la realidad de la muerte y «enseña a morir» al individuo estructura este soneto. Para ello, Quevedo describe a un agonizante, acechado por la enfermedad (cuartetos 1-2) a quien recomienda buscar la muerte como solución digna para sus males (terceto 1). La muerte posee dos partes: una «mayor» (vv. 12-13), que es la propia vida, desperdiciada por el hombre en búsqueda de ambiciones y de vanidad, y otra «menor» (v. 14), la muerte en sí, para la que el individuo no se prepara, quejándose en cambio de ella.

---

[22] *desdén:* la indiferencia que muestra la muerte ante el dolor del hombre al morir.

[23] *desacordado:* destemplado, sin cordura.

ENSEÑA A MORIR ANTES Y QUE LA MAYOR PARTE DE LA MUERTE ES LA VIDA, Y ESTA NO SE SIENTE, Y LA MENOR, QUE ES EL ÚLTIMO SUSPIRO, ES LA QUE DA PENA

Soneto

Señor don Juan, pues con la fiebre apenas
se calienta la sangre desmayada,
y por la mucha edad, desabrigada,
tiembla, no pulsa, entre la arteria y venas;

pues que de nieve [24] están las cumbres [25] llenas, 5
la boca, de [26] los años saqueada,
la vista enferma en noche sepultada,
y las potencias [27], de ejercicio ajenas:

salid a recibir la sepultura,
acariciad la tumba y monumento, 10
que morir vivo es última cordura.

La mayor parte de la muerte [28], siento
que se pasa en contentos y locura,
y a la menor se guarda el sentimiento.

---

[24] *nieve:* canas.

[25] *cumbres:* cabeza.

[26] *de:* por.

[27] *potencias:* «las tres facultades del alma de conocer, querer y acordarse: que son entendimiento, voluntad y memoria» *(D.A.).*

[28] *mayor parte de la muerte:* la vida, porque vivir es un morir día a día continuamente.

[39]

Comentario: Poema alegórico donde Quevedo vuelve a mostrarse como ejemplo para que en él escarmienten los que peregrinan por la vida, buscando ambiciones ilusorias y vanidades falsas (vv. 1-16). Es el «espíritu» (v. 19) del poeta el que amonesta a los caminantes; un espíritu se-pultado en su propio cuerpo («cueva espantosa», v. 17), desprendido del hombre primero que fue (vv. 63-64) y desengañado de la vida que llevó (v. 56). Aquel «primer hombre» era homicida de sí mismo (v. 86), porque se impedía alcanzar la «paz serena» (v. 97), que ahora disfruta y con la que puede esperar «la muerte» con la que nació y ha vivido (v. 111). Esta tensión vital se convierte en los últimos versos en consejos precisos, dirigidos al caminante, de los que destacan dos ideas: *a)* el tiempo vivido es la herencia real que el hombre deja tras de sí (vv. 123-126), y *b)* nadie puede morir por otro, por lo que el hombre debe vivir para sí mismo y para su propio cuidado espiritual (vv. 127-128).

EL ESCARMIENTO

Canción

¡Oh tú, que inadvertido [29] peregrinas
de osado monte cumbres desdeñosas,
que igualmente vecinas
tienen a las estrellas sospechosas,
o ya confuso vayas   5

---

[29] *inadvertido:* distraído.

buscando el cielo, que robustas hayas
te esconden en las hojas,
o el alma aprisionada de congojas
alivies y consueles,
o con el vario pensamiento vueles   10
delante desta peña tosca y dura,
que, de naturaleza aborrecida,
invidia de aquel prado la hermosura:
detén el paso y tu camino olvida[30],
y el duro intento, que te arrastra, deja,   15
mientras vivo escarmiento te aconseja!

En la que oscura ves, cueva[31] espantosa,
sepulcro de los tiempos que han pasado,
mi espíritu reposa,
dentro en mi propio cuerpo sepultado,   20
pues mis bienes perdidos
solo han dejado en mí fuego y gemidos,
vitorias de aquel ceño,
que, con la muerte, me libró del sueño
de bienes de la tierra,   25
y gozo blanda paz tras dura guerra,
hurtado para siempre a la grandeza,
al envidioso polvo cortesano,
al inicuo[32] poder de la riqueza,
al lisonjero adulador tirano.   30

---

[30] Todo el verso es imitación de los epitafios clásicos, colocados en tumbas situadas en los caminos, y que incitaban a las personas a detenerse y reflexionar.

[31] *cueva:* cuerpo.

[32] *inicuo:* malvado.

¡Dichoso yo, que fuera de este abismo,
vivo me soy sepulcro de mí mismo!

Estas mojadas, nunca enjutas[33], ropas,
estas no escarmentadas y deshechas
velas, proas y popas, 35
estos hierros molestos, estas flechas,
estos lazos y redes
que me visten de miedo las paredes,
lamentables despojos,
desprecio del naufragio de mis ojos, 40
recuerdos despreciados,
son, para más dolor, bienes pasados.
Fue tiempo que me vio quien hoy me llora
burlar de la verdad y de escarmiento,
y ya, quiérelo Dios, llegó la Hora, 45
que debo mi discurso a mi tormento:
ved cómo y cuán en breve el gusto acaba,
pues suspira por mí quien me envidiaba.

Aun a la muerte vine por rodeos;
que se hace de rogar, o da sus veces 50
a mis propios deseos;
mas, ya que son mis desengaños jueces,
aquí, solo conmigo,
la angosta[34] senda de los sabios sigo,
donde gloriosamente 55
desprecio la ambición de lo presente.
No lloro lo pasado,
ni lo que ha de venir me da cuidado;

---

[33] *enjutas:* delgadas.
[34] *angosta:* estrecha.

y mi loca esperanza, siempre verde,
que sobre el pensamiento voló ufana, 60
de puro vieja aquí su color pierde,
y blanca puede estar de puro cana.
Aquí, del primer hombre despojado,
descanso ya de andar de mí cargado[35].

    Estos que han de beber, fresnos hojosos, 65
la roja sangre de la dura guerra;
estos olmos hermosos,
a quien esposa vid abraza y cierra,
de la sed de los días,
guardan con sombras las corrientes frías; 70
y en esta dura sierra,
los agradecimientos de la tierra,
con mi labor cansada,
me entretienen la vida fatigada.
Orfeo[36] del aire el ruiseñor parece, 75
y ramillete músico el jilguero[37];
consuelo aquel en su dolor me ofrece;
este, a mi mal, se muestra lisonjero;
duermo, por cama, en este suelo duro,
si menos blando sueño, más seguro. 80

    No solicito el mar con remo y vela,
ni temo al Turco la ambición armada;
no en larga centinela
al sueño inobediente, con pagada
sangre y salud vendida, 85

---

[35] Véase poema 31.
[36] *Orfeo:* en la mitología griega, padre de la música.
[37] Véanse poemas 55 y 56.

soy, por un pobre sueldo, mi homicida;
ni a Fortuna me entrego,
con la codicia y la esperanza ciego,
por cavar, diligente [38],
los peligros precisos del Oriente;　　　　　　　　　　90
no de mi gula amenazada vive
la Fénix [39] en Arabia, temerosa,
ni a ultraje de mis leños apercibe
el mar su inobediencia peligrosa:
vivo como hombre que viviendo muero,　　　　　　95
por desembarazar el día postrero [40].

　　Llenos de paz serena mis sentidos,
y la corte del alma sosegada,
sujetos y vencidos
apetitos de ley desordenada,　　　　　　　　　　　100
por límite a mis penas
aguardo que desate de mis venas
la muerte, prevenida
la alma que anudada está en la vida,
disimulando horrores　　　　　　　　　　　　　　105
a esta prisión de miedos y dolores,
a este polvo soberbio y presumido,
ambiciosa ceniza, sepultura
portátil, que conmigo la he traído,
sin dejarme contar Hora segura [41].　　　　　　　　110

---

[38] *diligente:* cuidadoso, activo.

[39] *Fénix:* ave mitológica, que renacía de sus cenizas.

[40] *Turco, Fortuna, Oriente y Fénix* son tópicos alusivos a la ambición humana.

[41] *Hora segura:* la muerte.

Nací muriendo y he vivido ciego,
y nunca al cabo de mi muerte llego.

   Tú, pues, ¡oh caminante!, que me escuchas,
si pretendes salir con la victoria
del monstro con quien luchas,   115
harás que se adelante tu memoria
a recibir la muerte,
que, oscura y muda, viene a deshacerte.
No hagas de otro caso,
pues se huye la vida paso a paso,   120
y, en mentidos placeres,
muriendo naces y viviendo mueres.
Cánsate ya, ¡oh mortal!, de fatigarte
en adquirir riquezas y tesoro;
que últimamente [42] el tiempo ha de heredarte, 125
y al fin te dejarán la plata y oro.
Vive para ti solo, si pudieres,
pues solo para ti, si mueres, mueres.

---

[42] *últimamente:* al final.

4. POEMAS MORALES

[40]

Comentario: La única manera en que Quevedo podía denunciar los vicios y condenar los males morales que aquejaban a la sociedad era adoptar una posición de es-pectador ante una realidad social que conocía muy bien, porque había participado en ella, encumbrándose con sobornos e intrigas y decayendo, arrastrado por sus valedores cuando perdían el favor o la confianza del rey. Experiencia amarga que a Quevedo le hace contemplar «el mundo por de dentro». Él mismo solo disfruta de serenidad y paz cuando, retirado en sus posesiones de la Torre de Juan Abad, se dedica a la lectura y a la reflexión sobre la condición humana. Quevedo fue un gran lector; llegó a reunir una biblioteca de más de cinco mil volúmenes y manuscritos, y siempre que viajaba se acompañaba de libros bien escogidos.

DESDE LA TORRE

Soneto

Retirado en la paz de estos desiertos [1],
con pocos, pero doctos [2] libros juntos,

---

[1] *desiertos:* alusión a las extensas llanuras manchegas, donde se enclava la Torre de Juan Abad.

[2] *doctos:* llenos de sabiduría.

vivo en conversación con los difuntos
y escucho con mis ojos a los muertos.

Si no siempre entendidos, siempre abiertos,   5
o enmiendan o fecundan [3] mis asuntos;
y en músicos callados contrapuntos [4]
al sueño de la vida [5] hablan despiertos.

Las grandes almas que la muerte ausenta [6],
de injurias [7] de los años, vengadora,   10
libra, ¡oh gran don Josef [8]!, docta la Imprenta.

En fuga irrevocable huye la Hora;
pero aquella el mejor cálculo [9] cuenta [10]
que en la lección [11] y estudios nos mejora.

[41]

Comentario: Quevedo arremete contra la lisonja o adulación de la que se espera sacar provecho. El soneto es

---

[3] *fecundan:* alimentan.

[4] *contrapuntos:* «concordancia armoniosa de voces contrapuestas» *(D. A.).*

[5] *sueño de la vida:* la vida establecida en la imaginación.

[6] *ausenta:* se lleva momentáneamente (porque en cada lectura, el escritor regresa y se hace presente ante el lector).

[7] *injurias:* ofensas.

[8] *don Josef:* González de Salas, amigo y editor de Quevedo.

[9] *cálculo:* piedrecilla.

[10] *el mejor cálculo cuenta:* alude a la costumbre clásica de señalar los días buenos con una piedrecilla blanca y los días malos con una negra.

[11] *lección:* lectura.

una reflexión muy organizada sobre este tema: *a)* la «lengua lisonjera» (v. 3) impide a los alabados enterarse de la verdad (cuarteto 1); *b)* a esta idea sirve de ilustración la historia de las sirenas, que atraían a los navegantes con su canto para destruirlos: solo Ulises —imagen del poeta: «navegaré» (v. 6)— supo librarse, tapando los oídos de los marineros con cera (cuarteto 2); *c)* más vale, entonces, la vida retirada, donde el individuo pueda vivir en paz, «ignorante e ignorado» (v. 14), que no sometido a intrigas y desvelos (tercetos 1 y 2). Este último tópico se formula como «menosprecio de corte y alabanza de aldea», muy frecuente en la literatura de los Siglos de Oro.

CONVENIENCIAS DE NO USAR DE LOS OJOS, DE LOS OÍDOS Y DE LA LENGUA

Soneto

Oír, ver y callar remedio fuera
en tiempo que la vista y el oído
y la lengua pudieran ser sentido [12],
y no delito que ofender pudiera.

Hoy, sordos los remeros con la cera, 5
golfo navegaré que (encanecido
de huesos [13], no de espumas) con bramido
sepulta a quien oyó voz lisonjera.

---

[12] *sentido:* alude a que «la vista y el oído/y la lengua» debían utilizarse como sentido y no como medios de ofensa y de alabanza.

[13] *encanecido/de huesos:* las sirenas se rodeaban con los huesos blanquecinos de los navegantes cuya muerte causaban.

Sin ser oído y sin oír, ociosos
ojos y orejas, viviré olvidado   10
del ceño [14] de los hombres poderosos.

Si es delito saber quién ha pecado,
los vicios escudriñen los curiosos:
y viva yo ignorante y ignorado.

[42]

Comentario: Con metáforas basadas en términos de construcción arquitectónica, Quevedo edifica un soneto en el que avisa contra la indiscriminada acumulación de riquezas, obtenidas de forma poco limpia. La estructura del poema es circular, ya que comienza y termina de la misma manera: el cuarteto 1 y el terceto 2 muestran al poderoso destruido por su avaricia y quejándose por ese triste suceso; Quevedo coloca en medio (cuarteto 2; terceto 1) la reflexión moral sobre el caso, ofrecida como enseñanza; destacan las antítesis del terceto 1: forman un paralelismo de imágenes opuestas.

AMENAZA DE LA INOCENCIA PERSEGUIDA, QUE HACE AL RIGOR DE UN PODEROSO

Soneto

Ya te miro caer precipitado,
y que en tus proprias ruinas te confundes;

---

[14] *ceño:* «señal de enojo y enfado que se hace con los ojos» *(D.A.).*

que en ti proprio te rompes y te hundes,
entre tus capiteles [15] sepultado.

    Tanto como has crecido has enfermado
y, por más bien que los cimientos fundes,
mientras en oro y vanidad abundes,
tu tesoro y poder son tu pecado.

    Si de los que derribas te levantas
y si de los que entierras te edificas,
en amenazas proprias te adelantas.

    Medrosos [16] escarmientos multiplicas;
lágrimas tristes, que ocasionas, cantas:
son tu caudal calamidades ricas.

[43]

Comentario: Quevedo invierte aquí la estructura lógica de un soneto, ya que coloca la conclusión en el v. 1 y dedica el resto del poema a desarrollarla. Este primer verso es de gran perfección: bimembre, cada uno de sus dos planos contiene ideas antitéticas que fuerzan la consiguiente explicación; es un verso, además, compuesto por cuatro formas verbales, que desencadenan un fuerte dinamismo inicial con el que se potencia la intriga planteada: conocer quién es el sujeto de esos verbos. Quevedo se dirige, de nuevo, a los poderosos a los que exhorta a abandonar el poder al que han llegado, antes de que sean

---
[15] *capiteles:* «remates de las torres […] que para la hermosura se levantan en forma piramidal […] y dan hermosa vista» *(D. A.).*

[16] *medrosos:* temerosos.

arrojados de él a la fuerza. Reflexión estoica, ejemplificada con el tópico de la rueda de la Fortuna, siempre movible y nunca quieta (véanse los vv. 1-4 del poema 47).

PELIGRO DEL QUE SUBE MUY ALTO, Y MÁS SI ES POR LA CAÍDA DE OTRO

Soneto

Para, si subes; si has llegado, baja;
que ascender a rodar es desatino [17];
mas si subiste, logra [18] tu camino,
pues quien desciende de la cumbre, ataja.

Detener de Fortuna [19] la rodaja [20], 5
a pocos concedió poder divino;
y si la cumbre desvanece [21] el tino [22],
también, tal vez, la cumbre se desgaja [23].

El que puede caer, si él se derriba,
ya que no se conserva, se previene 10
contra el semblante de la suerte esquiva.

Y pues nadie que llega se detiene,
tema más quien se mira más arriba;
y el que subió, por quien rodando viene.

---

[17] *desatino:* locura.

[18] *logra:* con el sentido de «acertar, física o moralmente» *(D.A.).*

[19] *Fortuna:* diosa que mueve el destino de los hombres caprichosamente.

[20] *rodaja:* rueda; atributo de la diosa Fortuna.

[21] *desvanece:* causa envanecimiento.

[22] *tino:* juicio, prudencia.

[23] *desgaja:* despedaza, rompe: es la idea de que el poder («cumbre») corrompe porque es corrupto.

[44]

Comentario: El v. 8 ilumina la comprensión del poema con el descubrimiento de la alegoría montada por Quevedo en torno a la figura del cohete, imagen de la presunción vanidosa y de la hipocresía criticadas por el autor en el so-neto. El velo que cubre a algunas monjas y beatas es un disfraz («rebozo») de su hipócrita piedad, igual que la mecha («cuerda») es la traza (o invención artificiosa) que mueve al cohete vanamente hacia las estrellas. Los dos últimos versos funden las dos ideas: tanto el «fuego artificial» como la piedad fingida resultan ser igualmente farsas.

CONTRA LOS HIPÓCRITAS Y FINGIDA VIRTUD DE MONJAS Y BEATAS, EN ALEGORÍA DEL COHETE

Soneto

No digas, cuando vieres alto el vuelo
del cohete, en la pólvora animado,
que va derecho al cielo encaminado,
pues no siempre quien sube llega al cielo.

Festivo rayo [24] que nació del suelo,　　　　5
en popular aplauso confiado,
disimula el azufre [25] aprisionado;
traza [26] es la cuerda [27] y es rebozo [28] el velo.

---

[24] *Festivo rayo:* metáfora por cohete.

[25] *azufre:* tiene dos sentidos (dilogía): *a)* elemento químico, y *b)* símbolo de lo demoniaco, por lo que de la misma manera que el cohete esconde en su interior el azufre, los hipócritas albergan el mal.

Si le vieres en alto radïante,
que con el firmamento y sus centellas   10
equivoca su sitio y su semblante,

¡oh, no le cuentes tú por una dellas!
Mira que hay fuego artificial farsante,
que es humo y representa las estrellas.

[45]

Comentario: Los artistas del Barroco utilizaron el reloj como símbolo para representar la fugacidad del tiempo y la brevedad de la vida. Así, este «reloj de campanilla», descrito al principio del poema por su ingenioso artificio (vv. 1-21), funciona en realidad como una metáfora de múltiples significados: a la idea general de que el movimiento del reloj marca el fluir del tiempo, Quevedo añade la noción de llamada o aviso que se deprende del regular sonido de las campanillas: «advertencias sonoras» (v. 19), dirigidas a la conciencia del individuo, que Quevedo convierte en reflexiones ya desarrolladas en otros poemas: *a)* el hombre muere las horas que pasan, no las vive (vv. 26-27); *b)* por ello, ha de aprovecharlas (vv. 28-29); *c)* la fragilidad del reloj, que depende de una cuerda delicada, es semejante a la débil salud de las personas (vv. 30-42); *d)* las horas dejan «recuerdos», casi siempre «desengaños», que muestran la dura realidad del tiempo, como un transcurso limitado (vv. 43-48).

---

[26] *traza:* invención.

[27] *cuerda:* mecha.

[28] *rebozo:* o «embozo», «la cosa con que se cubre y encubre el rostro» *(D. A.).*

RELOJ DE CAMPANILLA

Silva

   El metal animado,
a quien mano atrevida, industriosa,
secretamente ha dado
vida aparente en máquina preciosa,
organizando atento
sonora voz a docto movimiento;
en quien, desconocido
espíritu secreto, brevemente
en un orbe ceñido,
muestra el camino de la luz ardiente,
y con rueda importuna
los trabajos del sol y de la luna,
y entre ocasos y auroras
las peregrinaciones de las Horas;
máquina en que el artífice, que pudo
contar pasos al sol, horas al día,
mostró más providencia que osadía,
fabricando en metal disimuladas
advertencias sonoras repetidas,
pocas veces creídas,
muchas veces contadas:
tú, que estás muy preciado
de tener el más cierto, el más limado,
con diferente oído,
atiende a su intención y a su sonido.

   La Hora irrevocable que dio, llora;
prevén la que ha de dar; y la que cuentas,

lógrala bien, que en una misma Hora
te creces y te ausentas.
Si le llevas curioso, 30
atiéndele prudente,
que los blasones de la edad desmiente;
y en traje de reloj llevas contigo,
del mayor enemigo,
espía desvelada y elegante, 35
a ti tan semejante,
que, presumiendo de abreviar ligera
la vida al sol, al cielo la carrera,
fundas toda esta máquina admirada
en una cuerda enferma y delicada, 40
que, como la salud en el más sano,
se gasta con sus ruedas y su mano.

   Estima sus recuerdos,
teme sus desengaños,
pues ejecuta plazos de los años, 45
y en él te da secreto,
a cada sol que pasa, a cada rayo,
la muerte un contador, el tiempo un ayo.

[46]

Comentario: Igual que en el poema 9, a la reflexión moral Quevedo agrega una significación amorosa, sugerida por el valor de la «arena» como «polvo» y el de este como recuerdo amoroso que permanece más allá de la muerte (vv. 26-27 y 35). La fuerza de la silva arranca de la interrogación inicial donde se contienen las ideas de que el reloj mide la limitación del vivir, «soplo de vida» (v. 2), que en realidad es una sola y única «jornada» (v. 6). El «contar» del v. 1 divide la composición en dos planos: o «contar» las «penas» y «trabajos» del poema (v. 7) —más numerosas que las arenas del mar— o «contar» un tiempo de vida, que, por haber amado, alienta ansias de eternidad. Todos estos conceptos se funden en los dos últimos versos: «polvo» y «vidrio» que muestran la naturaleza real de Quevedo.

EL RELOJ DE ARENA

Silva

¿Qué tienes que contar, reloj molesto,
en un soplo de vida desdichada
que se pasa tan presto [29];
en un camino que es una jornada,
breve y estrecha, de este al otro Polo [30],　　　5
siendo jornada que es un paso solo?
Que, si son mis trabajos y mis penas,
no alcanzarás allá, si capaz vaso
fueses de las arenas
en donde el alto mar detiene el paso.　　　10
Deja pasar las horas sin sentirlas,
que no quiero medirlas,
ni que me notifiques de esa suerte
los términos forzosos de la muerte.
No me hagas más guerra:　　　15
déjame, y nombre de piadoso cobra,

---

[29] *presto:* rápidamente.
[30] *de este al otro Polo:* del nacer al morir.

que harto tiempo me sobra
para dormir debajo de la tierra.

　Pero si acaso por oficio tienes
el contarme la vida,　　　　　　　　　　　20
presto descansarás, que los cuidados
mal acondicionados,
que alimenta lloroso
el corazón cuitado [31] y lastimoso,
y la llama atrevida　　　　　　　　　　　25
que Amor, ¡triste de mí!, arde en mis venas
(menos de sangre que de fuego llenas),
no solo me apresura
la muerte, pero [32] abréviame el camino,
pues, con pie doloroso,　　　　　　　　　30
mísero peregrino,
doy cercos [33] a la negra sepultura.
Bien sé que soy aliento fugitivo;
ya sé, ya temo, ya también espero
que he de ser polvo, como tú, si muero,　35
y que soy vidrio, como tú, si vivo.

[47]

Comentario: Quevedo elige figuras históricas con las que estudia la conciencia humana y establece modelos éticos de comportamiento. Fue don Álvaro de Luna el noble más poderoso del rey castellano Juan II (1406-1454); actuó como valido suyo y defendió la institución monárquica y los pode-

---

[31] *cuitado:* apenado.
[32] *pero:* sino que.
[33] *cercos:* rodeos.

res reales; se enfrentó a los infantes de Aragón —a los que derrotó en 1430— y a los ricos hombres castellanos, también vencidos en Olmedo (1445); las críticas que contra él lanzó el príncipe heredero don Enrique le hicieron perder «fortuna» hasta el punto de morir decapitado en 1453. En este romance, Quevedo lo sitúa ya próximo a su muerte; obsérvese la perfecta adecuación entre expresión y contenido: para narrar sucesos del siglo XV, Quevedo utiliza el romance como forma poética que asegurará la reconstrucción de ese ambiente medieval; del mismo modo, inventa a un juglar (v. 13) —o truhán (v. 7)— que actuará como narrador del poema.

A DON ÁLVARO DE LUNA

Romance

A los pies de la Fortuna [34],
el que pisó su cabeza [35],
los de un crucifijo santo
con tristes lágrimas riega.
    Comenzolos a besar,   5
mas, viendo por una puerta
entrar su truhán [36] llorando,
amortajado en bayeta [37],

---

[34] *Fortuna:* diosa que, con una rueda, hacía girar el destino de los hombres; don Álvaro se encuentra «a los pies» porque la rueda lo ha abatido hasta la posición más desfavorable.

[35] *pisó su cabeza:* alude a cuando don Álvaro se hallaba en la cumbre del poder y, por tanto, en lo alto de la rueda.

[36] *truhán:* «el que con acciones y palabras placenteras y burlescas entiende en divertir y en causar risa en los circunstantes» *(D. A.);* es, por tanto, el juglar del v. 13.

[37] *bayeta:* tela de lana muy floja y rala.

  detúvose, y, afligido,
le dijo, con voces tiernas,   10
palabras con que se ahogaron,
nadando en llanto, las medias [38].
  Mas el juglar, que lo mira
mudo de pura tristeza,
le respondió mesurado [39],   15
pidiendo al llanto licencia:
  «Vengo, hermosísima Luna,
a decirte cómo empiezas
hoy a ser Luna en el mundo,
pues que tu noche se llega.   20
  »Quiero también despedirme
de tu casa y tu presencia,
que soy como golondrina,
que en el invierno se ausenta.
  »Pues siendo mi oficio gracias,   25
la Fortuna, que hoy ordena
desgracias solo a tu casa,
me despide de tu mesa.
  »¡Cuántas veces, Condestable [40],
entre burlas y entre veras,   30
te pedí de Dios firmada
la cedula de firmeza [41]!
  »Y ¡cuántas te dije a solas
que el hombre que en hombre espera

---

[38] *media:* medida con que se calculaba la cantidad de vino; Quevedo juega con el sentido de que las lágrimas aguan el vino.

[39] *mesurado:* con serenidad.

[40] *Condestable:* antiguamente, jefe supremo del ejército.

[41] *firmeza:* constancia, fortaleza.

le hace a Dios su contrario, 35
Dios al hombre casi bestia!
　»Siempre las cosas más altas
están al rayo sujetas,
porque parecen subir
a recibille ellas mesmas. 40
　»Un solo arrepentimiento
mira qué caro te cuesta,
porque de cuanto tuviste,
con él tan solo te quedas.
　»No en que eres Luna te fíes, 45
cuando traidores te cercan,
pues otro Sol[42] de Justicia
no se libró de sus tretas.
　»Ve de Luzbel la privanza,
que cayó por su soberbia: 50
que aun los ángeles peligran
en la privanza y alteza.
　»Fuiste cohete[43] en el mundo:
subiste a las nubes mesmas;
subiste resplandeciente; 55
bajas ya ceniza a tierra.
　»Porque la pólvora misma
que te subió tan ligera,
abrasándote, te baja
vuelto carbones en piezas. 60
　»Condestable, mi señor,
ya de tus glorias inmensas,

---

[42] *Sol:* se refiere a «Luzbel» o Satanás; lo explica en vv. 49-52.
[43] *cohete:* para esta comparación, véase poema 44.

al mundo que te las dio
toma el Señor residencia [44].

 »Pues que todo fue prestado,   65
la vida, el honor, las prendas,
no es mucho que, agradecido,
al que te las dio las vuelvas.

 »En esta cárcel del mundo,
solo de mí diferencias   70
en ser mis grillos de hierro,
los tuyos de plata y perlas.

 »Esto te digo llorando,
solamente porque entiendas
que quien fue truhán en burlas   75
es predicador en veras».

 Diciendo aquesto se fue;
llorando al Conde le deja,
y de ver llorar la Luna
se enlutaron las estrellas.   80

---

[44] *residencia:* «la cuenta que toma un Juez a otro, o a otra persona de cargo público, de la administración de su oficio, de aquel tiempo que estuvo a su cuidado» *(D.A.).*

5. POEMAS RELIGIOSOS

[48]

Comentario: Dentro de la tradición humanística de interpretar el significado de los nombres bíblicos o de los Evangelios, Quevedo se pregunta por qué Cristo, desde la cruz, llamó a María «mujer», en vez de «madre» (cuarteto 1), nombre que, en cambio, emplea al pedirle a su discípulo Juan que la cuide (cuarteto 2). La explicación la tiñe Quevedo de misoginia: si la mujer (Eva: terceto 1) fue la que condujo al hombre al pecado, solo otra mujer (María: terceto 2) podía recuperar lo que por aquella se había perdido: la dignidad del nombre «mujer».

SOBRE ESTAS PALABRAS QUE DIJO JESUCRISTO EN LA CRUZ: «MULIER, ECCE FILIUS TUUS: ECCE MATER TUA» (Ioan, 19)

Soneto

Mujer llama a su Madre cuando expira,
porque el nombre de madre regalado
no la añada un puñal, viendo clavado
a su Hijo, y de Dios, por quien suspira.

Crucificado en sus tormentos, mira   5
su Primo, a quien llamó siempre «el Amado»,
y el nombre de su Madre, que ha guardado,
se le dice con voz que el Cielo admira.

Eva, siendo mujer que no había sido
madre, su muerte ocasionó en pecado, 10
y en el árbol [1] el leño [2] a que está asido.

Y porque la mujer ha restaurado
lo que solo mujer había perdido,
mujer la llama, y Madre la ha prestado [3].

[49]

Comentario: El soneto es un razonamiento perfecto que va simultaneando dos ideas: *a)* la tierra y las piedras se quebraron al morir Cristo (vv. 1-2; vv. 5-6), y *b)* por lo cual, las piedras que lo sepultaron debían abrirse también con toda seguridad (vv. 3-4; vv. 7-8). El último verso alude al significado alegórico de la «piedra angular» sobre la que San Pedro edifica la Iglesia.

REPREHENDE LA CEGUEDAD DE LOS JUDÍOS EN GUARDAR A CRISTO MUERTO EN LAS CLAUSURAS DE LAS PIEDRAS, HABIENDO VISTO QUE SE QUEBRARON EN SU MUERTE

Soneto

Si vistes a las piedras quebrantarse
en la muerte de Cristo con violencia,

---

[1] *árbol:* se refiere al Árbol del Bien y del Mal.

[2] *leño:* la cruz.

[3] Se lee en *San Juan*, 19, 26-27: «Jesús, viendo a su Madre y al discípulo a quien amaba, que estaba allí, dijo a la Madre: "Mujer, he ahí a tu hijo". Luego dijo al discípulo: "He ahí a tu Madre". Y desde aquella hora el discípulo la recibió en casa».

¿en su sepulcro, cómo a su obediencia
dudáis que dejarán de levantarse?

Si supieron las piedras animarse
con su muerte en piadosa diligencia,
en su resurrección y en su presencia,
con más razón podrán vivificarse.

La piedra que le guarda lo procura;
aquella le acompaña, esta le entierra;
aquella de sus triunfos se asegura;

esta, igualmente racional y dura,
será destrozo de gloriosa guerra[4];
aquella será trono y sepultura.

---
[4] *gloriosa guerra:* la victoria obtenida sobre la muerte.

6. HERÁCLITO[1] CRISTIANO Y SEGUNDA ARPA A IMITACIÓN DE LA DE DAVID[2]

Al lector

Tú, que me has oído lo que he cantado y lo que me dictó el apetito, la pasión o la naturaleza[3], oye ahora, con oído más atento, lo que me hace decir el sentimiento verdadero y arrepentimiento de todo lo demás que he hecho; que esto lloro[4] porque así me lo dicta el conocimiento y la conciencia, y esotras cosas canté porque me lo persuadió así la edad.

A doña Margarita de Espinosa[5], mi tía

Esta confesión, que por ser tan tarde hago no sin vergüenza, envío a Vm. para que se divierta[6] algunos ratos; bien que empleándolos todos, en su viudez y retiramiento,

---

[1] *Heráclito:* filófo presocrático; por su pesimismo se le conocía por «El filósofo que lloraba», imagen que le sirve a Quevedo para explayar su arrepentimiento.

[2] *David:* rey bíblico, gran pecador y autor de salmos en los que expresaba el dolor por las faltas cometidas.

[3] *el apetito, la pasión o la naturaleza*: atributos de la juventud.

[4] *lloro:* antítesis de «he cantado».

[5] *Margarita de Espinosa:* tía materna de Quevedo, cuidó a sus dos hermanas menores.

[6] *divierta:* distraiga.

con Dios, antes será hurtárselos. Solo pretendo, ya que la voz de mis mocedades [7] ha sido molesta a Vm. y escandalosa a todos, conozca por este papel mis diferentes propósitos. Y ruegue a Dios nuestro Señor me dé su gracia.

Torre de Juan Abad, 3 de junio, 1613

DON FRANCISCO GÓMEZ DE QUEVEDO Y VILLEGAS

Comentario: Conjunto de poemas religiosos y morales, surgidos de la profunda crisis que atravesó Quevedo entre 1612 y 1613. Son sus primeras formulaciones neoestoicas, arrancadas de un fuerte arrepentimiento y dirigidas hacia la búsqueda de una nueva conciencia.

[50]

Comentario: La ansiedad de morir como forma de acabar con los agravios, injurias y enfermedades de la vida es una idea neoestoica. El hombre ha de prepararse para saber morir (véanse poemas 37, 38 y 39), puesto que su vida no es más que una continua sucesión de muertes. De esta manera, la llamada a la muerte no es más que una liberación del espíritu. Siglos más tarde, y aludiendo también a la muerte, Unamuno escribirá «Vendrá viniendo con venir eterno», y Vicente Aleixandre exclamará: «¡Ven, ven muerte, amor; ven pronto, te destruyo!».

---

[7] *voz de mis mocedades:* primeras obras de Quevedo, algunas de las cuales fueron serias, a pesar de lo que dice aquí.

SALMO XVI

Ven ya, miedo de fuertes y de sabios:
irá la alma indignada con gemido
debajo de las sombras, y el olvido
beberán por demás mis secos labios [8].

Por tal manera Curios, Decios, Fabios [9]   5
fueron; por tal ha de ir cuanto ha nacido;
si quieres ser a alguno bien venido [10],
trae con mi vida fin a mis agravios.

Esta lágrima ardiente con que miro
el negro cerco que rodea a mis ojos,   10
naturaleza [11] es, no sentimiento.

Con el aire primero este suspiro
empecé, y hoy le acaban mis enojos,
porque me deba todo al monumento [12].

---

[8] Los versos 2, 3 y 4 aluden a la leyenda mitológica de que el alma, al cruzar el río Leteo que separaba el reino de los muertos del de los vivos, bebe sus aguas cayendo en un eterno olvido.

[9] *Curios, Decios, Fabios:* cónsules de Roma; símbolos de poder humano abatido por la muerte.

[10] *bien venido:* se refiere a la muerte metaforizada en el «miedo» del verso 1, de ahí el masculino.

[11] *naturaleza:* debida al vivir.

[12] *al monumento:* «a la tumba en que ha quedado convertido mi cuerpo».

[51]

Comentario: La mayoría de las imágenes de este soneto imitan a Séneca y a Ovidio. No es un poema político, porque Quevedo ni está escribiendo guiado por un desengaño patriótico ni está describiendo la realidad amarga y pesimista de la España barroca. Todo lo contrario: Quevedo está mostrando una gran desesperación, pero es-piritual; se siente, sobre todo, acosado por el paso del tiempo, angustiado por la brevedad de la vida. Esta idea es la que estructura el soneto: en tres ocasiones (v. 1, v. 5, v. 9) Quevedo sale de sí mismo y observa la realidad representada por los tópicos de «patria» («ciudad»), «campo» y «casa»; el resultado es desolador, todo lo que contempla el poeta es imagen de su propia muerte (vv. 13-14).

SALMO XVII

Miré los muros de la patria mía [13],
si un tiempo fuertes, ya desmoronados,
de la carrera de la edad cansados,
por quien caduca ya su valentía.

Salime al campo, vi que el sol bebía [14]   5
los arroyos del hielo desatados,
y del monte quejosos los ganados,
que con sombras hurtó su luz al día [15].

---

[13] *muros de la patria mía:* «patria», es ciudad; puede referirse a Madrid, donde se acababan de derribar los muros defensivos.

[14] *el sol bebía:* el sol secaba; los vv. 5-6 desarrollan la imagen negativa de la sequía y de las heladas.

[15] Resuelto el hipérbaton, surge la perífrasis que alude al atardecer y a la oscuridad, que hace quejarse al ganado (v. 7).

> Entré en mi casa; vi que, amancillada [16],
> de anciana habitación era despojos [17],   10
> mi báculo [18], más corvo y menos fuerte.
>
> Vencida de la edad sentí mi espada,
> y no hallé cosa en que poner los ojos
> que no fuese recuerdo de la muerte.

[52]

Comentario: Quevedo establece la relación «Tiempo-vida breve» con una serie de imágenes que muestran la continua y metódica destrucción que supone el vivir del hombre. Cuatro tópicos en los dos cuartetos se entremezclan para sugerir el desasosiego causado por la huida del tiempo: *a)* la vida es un «año breve», por su rápidez (vv. 1-2); *b)* nada vence al Tiempo (vv. 3-4); *c)* desde que se nace se muere (vv. 5-6); *d)* «río» y «mar» metaforizan «vida» y «muerte», como ya acuñara J. Manrique (vv. 7-8). Pero es la construcción final la que dota de una fuerza sorprendente a estas imágenes estereotipadas: dos encabalgamientos en el primer cuarteto y tres en el segundo aceleran el ritmo poético y marcan un desequilibrio formal que corresponde a la angustia del poeta. En cambio, los tercetos sosiegan esa rapidez con un exhaustivo em-pleo de comas; Quevedo procede a la reflexión, busca asumir la realidad negativa de los conceptos anteriores; es

---

[16] *amancillada:* manchada, ofendida.

[17] *despojos:* «lo que se halla abandonado [...] por la muerte o desgracia de alguno» *(D.A.).*

[18] *báculo:* bastón.

una postura neostoica que queda, magistralmente, recogida en la antítesis «ley»/«pena» del verso 14.

SALMO XVIII

Todo tras sí lo lleva el año breve
de la vida mortal, burlando el brío
al acero valiente, al mármol frío,
que contra el Tiempo su dureza atreve.

Antes que sepa andar el pie, se mueve   5
camino de la muerte, donde envío
mi vida oscura: pobre y turbio río
que negro mar con altas ondas bebe.

Todo corto momento es paso largo
que doy, a mi pesar, en tal jornada,   10
pues, parado y durmiendo, siempre aguijo[19].

Breve suspiro, y último y amargo,
es la muerte, forzosa y heredada:
mas si es ley y no pena, ¿qué[20] me aflijo?

[53]

Comentario: Quevedo impone un ritmo ternario al poema: tres exclamaciones en el primer cuarteto enmarcan los dos conceptos centrales que el autor quiere hacer coincidir, «edad mía = muerte fría». El resto del soneto

---

[19] *aguijo:* «vale también acelerar, estimular y dar prisa, o andar apresuradamente» *(D. A.).*
[20] *¿qué...?:* ¿por qué...?

demuestra esta equivalencia y el segundo cuarteto la repite con otros conceptos: «lozana juventud = postrer día». Tras esta introspección, el primer terceto vuelve a la triple exclamación del comienzo del soneto: Quevedo exterioriza así toda la angustia que lo mueve. Pero el último terceto le devuelve a su interior, aceptando estoicamente el morir en que va convirtiéndose su vida. Hay que observar, de nuevo, cómo Quevedo ha creado en el poema un estado de serenidad final: los dos períodos de tres exclamaciones los ha disuelto en el último verso, cuyos tres términos suponen la comprensión de las antítesis anteriores.

SALMO XIX

¡Cómo de entre mis manos te resbalas!
¡Oh, cómo te deslizas, edad mía!
¡Qué mudos pasos traes, oh muerte fría,
pues con callado pie todo lo igualas [21]!

Feroz, de tierra el débil muro [22] escalas,   5
en quien lozana juventud se fía [23],
mas ya mi corazón del postrer día
atiende el vuelo, sin mirar las alas.

---

[21] La imagen de la Muerte como igualadora de los hombres es un tópico frecuente en la poesía del siglo XV: J. Manrique, las *Danzas de la Muerte*, etc.

[22] *de tierra el débil muro:* «el muro débil de tierra» es metáfora por cuerpo.

[23] *fía:* la juventud se fía del cuerpo, no aceptando que será destruido; en los dos siguientes versos, el «corazón atiende el vuelo final», porque sabe que desaparecerá.

> ¡Oh condición mortal! ¡Oh dura suerte!
> ¡Que no puedo querer vivir mañana   10
> sin la pensión [24] de procurar mi muerte!
>
> Cualquier instante de la vida humana
> es nueva ejecución, con que me advierte
> cuán frágil es, cuán mísera, cuán vana.

[54]

Comentario: Quevedo quiere construir la imagen de una vida dedicada al «contento», es decir, a la vanidad, al placer y a la alegría. Logra transmitir esa sensación de una manera perfecta: cuatro anáforas cruzadas entre sí en los versos impares y pares enmarcan ocho definiciones de lo que es el vivir sin reparar en su acabamiento. Dos sensaciones angustiosas surgen de inmediato de esta estructura: *a)* el paso rápido del tiempo (cuatro veces se repite «después de»), y *b)* el continuo precipitarse del hombre, una vez tras otra, en la equivocación (ocho veces utiliza el adverbio «tantos»/«tantas»; además simétricamente). Por ello, los tercetos resultan tan estremecedores, al descubrir en qué paran esos esfuerzos del individuo por ser algo o alguien; la solución la contienen las rimas: el «conocimiento» (v. 10) que adquiere la persona al final de sus días le muestra cómo el anterior «contento» (v. 12) queda convertido en «arrepentimiento» (v. 14).

---

[24] *pensión:* «metafóricamente se toma por el trabajo, tarea, pena o cuidado» *(D. A.).*

SALMO XXVI

Después de tantos ratos mal gastados,
tantas oscuras noches mal dormidas;
después de tantas quejas repetidas,
tantos suspiros tristes derramados;

después de tantos gustos mal logrados
y tantas justas penas merecidas;
después de tantas lágrimas perdidas
y tantos pasos sin concierto dados,

solo se queda entre las manos mías
de un engaño tan vil conocimiento,
acompañado de esperanzas frías.

Y vengo a conocer que, en el contento
del mundo, compra el Alma en tales días,
con gran trabajo, su arrepentimiento.

7. POEMAS LÍRICOS

[55]

Comentario: Los poetas barrocos se sentían atraídos por los contrastes que la Naturaleza proponía y los convertían en materia poética, es decir, en una emoción estética que coincidía con sus propias tensiones y desequilibrios interiores. Por ello, a Quevedo le atrae la antítesis contenida en la imagen del jilguero: ¿cómo en un ser de tamaño tan diminuto se puede encerrar una tan sorprendente belleza cantora? La estructura de esta letrilla intenta asemejarse al canto de ese jilguero: Quevedo, con una compleja organización de antítesis, intenta transmitir al lector la emoción sugerida por el tema. Hay que señalar que Quevedo tomó muchas de estas imágenes de G. Marino; pero recuérdese que, en el Barroco, la imitación es un medio más para crear belleza, superando los modelos artísticos imitados.

LETRILLA LÍRICA

Flor que cantas, flor que vuelas,
y tienes por facistol[1]
el laurel[2], *¿para qué al sol,*

---

[1] *facistol:* atril de pie alto donde se ponen los libros para el canto en los coros de las iglesias.

[2] *laurel:* premio en forma de corona que, antiguamente, se entregaba a los que habían sobresalido en la guerra o en el arte.

con tan sonoras cautelas,
le madrugas y desvelas? 5
Digasmé[3]*,*
dulce jilguero, ¿por qué?

Dime, cantor ramillete[4],
lira de pluma volante,
silbo alado y elegante, 10
que en el rizado copete[5]
luces flor, suenas falsete[6],
¿por qué cantas con porfía
envidias[7] que llora el día
con lágrimas de la Aurora, 15
si en la risa de Lidora[8]
su amanecer desconsuelas?
Flor que cantas, flor que vuelas,
y tienes por facistol
el laurel, ¿para qué al sol, 20
con tan sonoras cautelas,
le madrugas y desvelas?

---

[3] *Digasmé:* acentuación arcaica que imita el estilo de los cancioneros medievales.

[4] *ramillete:* «el conjunto de diversas flores o hierbas […] que ordenadas, colocadas y atadas, sirven al deleite del olfato y adorno» *(D. A.)*; metáfora que incide en la pequeñez del jilguero.

[5] *copete:* «porción de pelo, que se levanta encima de la frente más alto que lo demás…» *(D. A.)*; es metáfora que explica por qué el jilguero tiene el «laurel por facistol (atril)» (vv. 2-3).

[6] *falsete:* «voz moderada y recogida del que canta» *(D. A.)*.

[7] *envidias:* metáfora por cantos del jilguero, que son «envidias» que apenan el día en su amanecer.

[8] *Lidora:* nombre poético; el canto del jilguero también entristece su risa.

*Digasmé,
dulce jilguero, ¿por qué?*

    En un átomo de pluma   25
¿cómo tal concento [9] cabe?
¿Cómo se esconde en una ave
cuanto el contrapunto [10] suma?
¿Qué dolor hay que presuma
tanto mal de su rigor,   30
que no suspenda el dolor
al Iris breve [11] que canta,
llena tan chica garganta
de orfeos [12] y de vigüelas [13]?
Flor que cantas, flor que vuelas,   35
*y tienes por facistol
el laurel, ¿para qué al sol,
con tan sonoras cautelas,
le madrugas y desvelas?
Digasmé,*   40
dulce jilguero, ¿por qué?

---

[9] *concento:* «canto acordado, armonioso y dulce, que resulta de diversas voces concertadas» *(D.A.).*

[10] *contrapunto:* «concordancia armoniosa de voces contrapuestas» *(D.A.).*

[11] *Iris breve:* metáfora por jilguero; en el norte de Castilla se llama «sietecolores» a esta ave; la idea de brevedad alude al tamaño del pájaro y a que el arco iris, en la mitología, ponía rápidamente en contacto el mundo de los hombres con el de los dioses.

[12] *orfeos:* Orfeo fue un músico mitológico, que con su canto apaciguaba a hombres y a animales.

[13] *vigüelas:* o «vihuelas», instrumento musical de cuerda, parecido a la guitarra actual.

Voz pintada, canto alado,
poco al ver, mucho al oído,
¿dónde tienes escondido
tanto instrumento templado [14]?   45
Recata [15] de mi cuidado
tus músicas y alegrías,
que las malas compañías
te volverán los cantares
en lágrimas y pesares,   50
por más que a sirena [16] anhelas.
Flor que cantas, flor que vuelas,
y tienes por facistol
el laurel, ¿para qué al sol,
con tan sonoras cautelas,   55
le madrugas y desvelas?
Digasmé,
dulce jilguero, ¿por qué?

[56]

Comentario: No es solo el Barroco creación desbordada y ampulosa, sino también expresión contenida y minuciosa: brevedad donde la belleza pueda llegar a ser tan intensa, que las sugerencias y significaciones excedan a la forma reducida del poema. Compárese la definición

---

[14] *templado:* afinado.

[15] *Recata:* aparta.

[16] *sirena:* el canto de las sirenas atraía a los marineros, a los que se daba muerte.

del ruiseñor condensada en esta décima con la del jilguero de la letrilla anterior (55): las imágenes se repiten, pero ahora Quevedo crea un poema de dimensiones tan reducidas (diez versos) que se reproduce el tamaño de esta ave, cuyo canto maravilloso, a su vez, queda registrado en los complicados juegos estilísticos que se distribuyen a lo largo de la décima.

AL RUISEÑOR

Décima

Flor con voz, volante flor,
silbo alado, voz pintada,
lira de pluma animada
y ramillete cantor;
di, átomo volador, 5
florido acento de pluma,
bella organizada suma
de lo hermoso y lo süave:
¿cómo cabe en sola un ave
cuanto el contrapunto suma? 10

[57]

Comentario: Los asuntos e historias mitológicas eran un adorno más de la composición barroca. No interesaban, como en el Renacimiento, por la significación moral que se pudiera desprender de ellos. Al contrario, en el siglo XVII el autor ostenta una cultura de galas verbales y artificiosos argumentos. La mitología se presta para tal uso. Pero Quevedo sabrá conjuntar la dimensión seria con la humorística: y si en este romance construye una bellísima recreación del mito de Hero y Leandro, en el poema 100 desrealiza de tal forma a los personajes que los deja convertidos en pura caricatura de sí mismos, en una burda manifestación de los efectos negativos del amor. Hero y Leandro eran dos amantes separados por el estrecho del Helesponto; todas las noches, Leandro cruzaba a nado la distancia de mar que lo separaba de su amada, quien lo guiaba con un farol encendido; una noche de tormenta, el viento apagó la luz: Leandro se ahogó y Hero, desesperada, se suicidó.

HERO Y LEANDRO

Romance

    Esforzose pobre luz
a contrahacer el Norte [17],
a ser piloto el deseo,
a ser farol una torre.
    Atreviose a ser Aurora   5
una boca a media noche,
a ser bajel [18] un amante,
y dos ojos [19] a ser soles.
    Embarcó todas sus llamas
el Amor en este joven,   10

---

[17] Los vv. 1-2 aluden a que el farol de Hero («pobre luz») quería imitar a la estrella Polar («Norte») guiando al amado.

[18] *bajel:* embarcación grande.

[19] *dos ojos:* los de Hero; lo son porque iluminaban las noches en que nadaba Leandro.

y caravana de fuego,
navegó reinos salobres [20].

Nuevo prodigio del mar
le admiraron los tritones [21];
con centellas, y no escamas, 15
el agua le desconoce.

Ya el mar le encubre enojado,
ya piadoso le socorre;
cuna de Venus [22] le mece,
reino sin piedad le esconde. 20

Pretensión de mariposa [23]
le descaminan los dioses;
intentos de salamandra [24]
permiten que se malogren.

Si llora, crece su muerte, 25
que aun no le dejan que llore;
si ella suspira, le aumenta
vientos que le descomponen.

Armó el estrecho de Abydo [25],
juntaron vientos feroces 30
contra una vida sin alma
un ejército de montes [26].

---

[20] *reinos salobres:* metáfora por mar, reino de Neptuno.

[21] *tritones:* monstruos marinos, con cuerpo de pez y cabeza de hombre.

[22] *Venus:* nacida de las espumas del mar, era la diosa del amor.

[23] *mariposa:* Leandro pretendía ser «mariposa» porque nadaba mirando la luz.

[24] *salamandra:* se pensaba que la salamandra resistía el poder del fuego; aquí Leandro vence el fuego del amor que le alberga.

[25] *Abydo:* Leandro era de «Abydos» y el estrecho «armó» un ejército (de olas) contra él.

[26] *montes:* las olas.

¡Indigna hazaña del golfo,
siendo amenaza del orbe,
juntarse con un cuidado35
para contrastar un hombre!
　Entre la luz y la muerte
la vista dudosa pone;
grandes volcanes suspira
y mucho piélago [27] sorbe.40
　Pasó el mar en un gemido
aquel espíritu noble;
ofensa le hizo Neptuno,
estrella le hizo Jove [28].
　De los bramidos del Ponto [29],45
Hero formaba razones,
descifrando de la orilla
la confusión en sus voces.
　Murió sin saber su muerte,
y expiraron tan conformes,50
que el verle muerto añadió
la ceremonia del golpe [30].
　De piedad murió la luz,
Leandro murió de amores,
Hero murió de Leandro,55
y Amor, de envidia, muriose.

---

[27] *piélago:* alta mar.
[28] Al morir Leandro, Júpiter («Jove») lo convirtió en estrella en el cielo.
[29] *Ponto:* o mar Negro, unido al Mediterráneo por el Helesponto.
[30] Hero cayó ya muerta desde el precipicio a la playa; «la ceremonia del golpe» es metáfora por la espectacular caída de Hero.

[58]

Comentario: Apolo, dios de la belleza masculina, se burló del tamaño diminuto de Cupido, niño-dios del Amor, quien juró vengarse. Estaba Apolo contemplando a Dafne cuando acertó a pasar por allí Cupido, que les disparó dos flechas: una de oro para Apolo, que lo dejó irresistiblemente enamorado de Dafne, y otra de plomo para Dafne, que le provocó un odio mortal hacia Apolo. Cuando el dios quiso acercarse a la ninfa, esta echó a correr repelida por la presencia del dios, quien se empeñó en perseguirla. Estando a punto de alcanzarla, el padre de la ninfa (v. 21), en una versión, y Júpiter en otra (v. 69) —Quevedo funde las dos— convierten a Dafne en laurel, quedando Apolo a sus pies, dolorosamente burlado. Quevedo satiriza este mito en el poema 99; aquí ofrece una versión seria en la que inserta alguna tópica costumbre española del siglo XVII, como la vigilancia obsesiva de la honra de las hijas por los padres (vv. 21-25) o la retórica expresión de los enamorados (vv. 41-65), canalizada por las obras dramáticas del Siglo de Oro.

DE DAFNE Y APOLO

Fábula

Delante del Sol[31] venía
corriendo Dafne, doncella
de extremada gallardía,
y en ir delante tan bella
nueva Aurora parecía.   5

---
[31] *Sol:* Apolo.

Cansado más de cansalla
que de cansarse a sí Febo [32],
a la amorosa batalla
quiso dar principio nuevo,
para mejor alcanzalla.   10

Mas viéndola tan crüel,
dio mil gritos doloridos,
contento el amante fiel
de que alcancen sus oídos
las voces [33], ya que no él.   15

Mas envidioso de ver
que han de gozar gloria nueva
las palabras [34] en su ser,
con el viento que las lleva
quiso parejas correr [35].   20

Pero su padre [36], celoso,
en su curso cristalino
tras ella corrió furioso
y en medio de su camino
los atajó [37] sonoroso [38].   25

El Sol corre por seguilla;
por huir corre la estrella;

---

[32] *Febo:* nombre griego de Apolo.

[33] *voces:* Apolo, al principio, se contenta con que sus palabras alcancen a Dafne.

[34] *palabras:* siente celos de sus propias palabras.

[35] *parejas correr:* «correr parejas: […] vale a ser de un mismo genio, condición y costumbres…» *(D. A.).*

[36] *su padre:* Peneo, dios de los ríos.

[37] *atajó:* salió al encuentro.

[38] *sonoroso:* onomatopeya que imita el ruido del agua.

corre el llanto por no vella;
corre el aire por oílla,
y el río [39] por socorrella.   30

Atrás los deja arrogante,
y a su enamorado más,
que ya, por llevar triunfante
su honestidad adelante [40],
a todos los deja atrás.   35

Mas, viendo su movimiento [41],
dio [42] las razones que canto [43],
con dolor y sin aliento,
primero al correr del llanto
y luego al volar del viento: 40

«Di, ¿por qué mi dolor creces
huyendo tanto de mí
en la muerte que me ofreces?
Si el sol y luz aborreces,
huye tú misma de ti [44].   45

»No corras más, Dafne fiera [45],
que en verte huïr furiosa
de mí, que alumbro la esfera,

---

[39] *río:* Peneo, padre de la ninfa.
[40] *por llevar.../su honestidad adelante:* Dafne, para salvar su honra, corre tan rápido que deja a todos atrás.
[41] *movimiento:* velocidad.
[42] *dio:* se refiere a Apolo.
[43] *canto:* Quevedo actúa como narrador, sujeto de este verbo.
[44] Ella es tan bella como la luz del Sol, por lo que Apolo le dice que debía huir antes de sí misma.
[45] *fiera:* cruel.

si no fueras tan hermosa,
por la Noche [46] te tuviera.   50

»Ojos [47] que en esa beldad
alumbráis con luces bellas
su rostro y su crüeldad,
pues que sois los dos estrellas,
al Sol que os mira, mirad.   55

»En mi triste padecer
y en mi encendido querer,
Dafne bella, no sé cómo
con tantas flechas de plomo [48]
puedes tan veloz correr.   60

»Ya todo mi bien perdí;
ya se acabaron mis bienes;
pues hoy, corriendo tras ti,
aun mi corazón, que tienes,
alas te da contra mí».   65

A su oreja esta razón,
y a sus vestidos su mano,
y de Dafne la oración,
a Júpiter soberano
llegaron a una sazón [49].   70

---

[46] *Noche:* Apolo compara a Dafne con la «noche» porque huye del Sol: de él mismo.

[47] *Ojos:* como son dos «soles», Apolo les pide que lo miren a él porque es Sol.

[48] *flechas de plomo:* las recibidas por Dafne y que causan su odio.

[49] *a una sazón:* al mismo tiempo.

Sus plantas en sola una
de lauro [50] se convirtieron;
los dos brazos le crecieron,
quejándose a la Fortuna
con el ruïdo que hicieron. 75

Escondióse en la corteza
la nieve del pecho helado,
y la flor de su belleza
dejó en la flor un traslado
que al lauro presta riqueza. 80

De la rubia cabellera
que floreció tantos mayos,
antes que se convirtiera,
hebras [51] tomó el Sol por rayos,
con que hoy alumbra la esfera. 85

Con mil abrazos ardientes,
ciñó el tronco el Sol, y luego,
con las memorias presentes [52],
los rayos de luz y fuego [53]
desató en amargas fuentes. 90

Con un honesto temblor,
por rehusar sus abrazos,
se quejó de su rigor,
y aun quiso inclinar los brazos [54],
por estorbarlos mejor. 95

---

[50] *lauro:* laurel; las tres quintillas siguientes muestran la metamorfosis o transformación de la ninfa.

[51] *hebras:* cabellos.

[52] *memorias presentes:* recuerdos de lo que ha sucedido.

[53] *rayos de luz y fuego:* los ojos de Apolo.

[54] *brazos:* metáfora por ramas.

El aire desenvolvía
sus hojas, y no hallando
las hebras que ver solía,
tristemente murmurando
entre las ramas corría.   100

El río[55], que esto miró,
movido a piedad y llanto,
con sus lágrimas creció,
y a besar el pie llegó
del árbol divino y santo[56].   105

Y viendo caso tan tierno,
digno de renombre eterno,
la reservó, en aquel llano,
de sus rayos el verano,
y de su hielo el invierno[57].   110

---

[55] *río:* Peneo, padre de Dafne, caracterizado por la «piedad y llanto» del verso siguiente.

[56] *divino y santo:* el laurel se convirtió en atributo de Apolo; por ello, se coronaba con laurel a los que sobresalían en la guerra o en las artes.

[57] El laurel es siempre un árbol verde.

8. POEMAS DE CIRCUNSTANCIA
(EPITAFIOS, TÚMULOS Y ELOGIOS)

[59]

Comentario: Quevedo sentía gran admiración por los héroes militares y por los personajes que habían protagonizado grandes hazañas históricas. Él los propone como modelos de virtud y de comportamiento frente a una sociedad corrupta e inmoral como era la del siglo XVII. Es la misma preocupación que estructuró su crítica de las costumbres de los castellanos, dirigida al conde-duque de Olivares: «Yace aquella virtud desaliñada /.../ en vanidad y en sueño sepultada», vv. 31-33. Por otra parte, Quevedo, con la imagen funeraria del «túmulo», sostiene dos ideas barrocas: *a)* las grandes almas se comunican más allá de la muerte por medio de signos, como los libros (véase poema 40, vv. 9-11) o los monumentos, y *b)* la contemplación del pasado convertido en resto funerario.

TÚMULO A COLÓN
HABLA UN PEDAZO DE LA NAVE
EN QUE DESCUBRIÓ EL NUEVO MUNDO

Soneto

Imperio tuve un tiempo, pasajero,
sobre las ondas de la mar salada;

del viento fui movida y respetada
y senda abrí al Antártico hemisfero.

Soy con larga vejez tosco madero; 5
fui haya, y de mis hojas adornada,
del mismo que alas hice en mi jornada,
lenguas para cantar hice primero.

Acompaño esta tumba tristemente,
y aunque son de Colón estos despojos, 10
su nombre callo, venerable y santo,

de miedo que, de lástima, la gente
tanta agua ha de verter con tiernos ojos,
que al mar nos vuelva a entrambos con el llanto.

[60]

Comentario: La lamentación fúnebre, como medio de observar la realidad social del siglo XVII, se hace más efectiva cuando el personaje evocado es contemporáneo y conocido de Quevedo, como en este caso el duque de Osuna, Pedro Téllez Girón, a quien el poeta sirvió entre 1613 y 1620. Quevedo movió, con sobornos e intrigas, su nombramiento como virrey de Nápoles; como a tantos otros nobles, un cambio político le hace perder el favor real, en 1620; murió en la cárcel en 1624. Este soneto recuerda algunos hechos heroicos de su biografía, a fin de resaltar la paradoja contenida en el último terceto.

INSCRIPCIÓN EN EL TÚMULO DE DON PEDRO GIRÓN, DUQUE DE OSUNA, VIRREY Y CAPITÁN GENERAL DE LAS DOS SICILIAS

Soneto

De la Asia fue terror, de Europa espanto
y de la África rayo fulminante;
los golfos y los puertos de Levante
con sangre calentó, creció con llanto.

Su nombre solo fue victoria en cuanto   5
reina la Luna[1] en el mayor turbante[2];
pacificó motines en Brabante[3]:
que su grandeza sola pudo tanto.

Divorcio fue del mar y de Venecia[4],
su desposorio dirimiendo el peso   10
de naves, que temblaron Chipre y Grecia.

¡Y a tanto vencedor venció un proceso!
De su desdicha su valor se precia:
¡murió en prisión, y muerto estuvo preso!

---

[1] *Luna:* símbolo del Imperio Turco, derrotado por el duque de Osuna en varias ocasiones.

[2] *turbante:* prenda con que se cubren la cabeza los pueblos orientales.

[3] *Brabante:* ducado español en los Países Bajos, perdido entre 1648 y 1714.

[4] Es decir, que impidió que Venecia se extendiera por el mar, ya que derrotó a su flota en aguas de Gravosa; los venecianos lanzaron entonces la calumnia de que quería proclamarse rey de Nápoles, lo que ocasionó la pérdida del favor real.

[61]

Comentario: Quevedo alaba a algunos personajes contemporáneos como forma de atacar a otros. Góngora, en 1609, arremetió contra Quevedo en el soneto «Anacreonte español, no hay quien os tope» y citó en el v. 5 a Lope de Vega («¿No imitaréis al terenciano Lope»); por ello, cuando Quevedo ensalza a Lope es para contestar a Góngora de manera irónica (por ejemplo, utiliza tres rimas de ese poema). Obsérvese el juego culto desde el que se compone el soneto: en un epigrama del satírico Marcial aparecen las palabras «Foelix» y «Lupe»; Quevedo compara este texto con el de Góngora y, en el terceto primero, recomienda a Lope que se ría de la envidia de los demás, puesto que su obra —también la del propio Quevedo— es superior a la de cualquier escritor resentido, como, por ejemplo, el aludido Góngora.

EN ALABANZA DE LOPE DE VEGA

Soneto

Tristis es, et Foelix sciat hoc Fortuna, caveto;
Ingratum dicet, te, Lupe, si scierit.
    Mart., *Ad Lupum. (Ex lib.* 6, Epig. LXXIX)[5]

Pues te nombra Marcial, Félix y Lope,
Lope Feliz, ¿por qué tanta tristeza
si llenó la Fortuna de riqueza
tu genio y tus escritos hasta el tope?

---

[5] «Estás triste, y cuídate de que lo sepa la feliz Fortuna;/Ingrato te llamaría, Lupe, si lo supiera» (Marcial).

Néctar escribes; los demás, arrope [6].   5
No se mida con otro tu grandeza.
Mal tus alas, tu vuelo y ligereza
sigue en flaco rocín corto galope.

Pues ha de ser de Lope lo que es bueno [7],
en cualquiera persona, en cualquier trato,   10
a la envidia tu risa dé veneno;

que la Fortuna, atenta en tu recato [8],
viéndote de tesoros suyos lleno,
de ti se quejará como de ingrato.

[62]

Comentario: Fray Hortensio Félix de Paravicino (1580-1633) fue amigo personal de Lope, Góngora y El Greco; desarrolló una intensa actividad poética dentro de la moda gongorista. Conocido, sobre todo, por sus sermones culteranos, Quevedo, en este elogio fúnebre, admira y alaba su facilidad como predicador; los juegos de hipérboles del soneto así lo muestran: *a)* Cuarteto 1: su silencio de difunto sigue predicando; *b)* Cuarteto 2: alusiones mitológicas para significar su habilidad oratoria;

---

[6] *arrope:* mosto cocido hasta tomar la consistencia de jarabe; como comparación tenía sentido despectivo, así, el refrán: «Este nuestro hijo don Lope, ni es miel, ni es hiel, ni vinagre, ni arrope»; Quevedo contesta al verso escrito por Góngora: «que vuestras suavidades son de arrope».

[7] Alusión a la frase hecha «Ser tan bueno como de Lope de Vega».

[8] *recato:* cautela, reserva.

c) Terceto 1: declaración de la personalidad alabada con una paradoja; *d)* Terceto 2: bellísima hipérbole barroca (hubiera sido seducida por su palabra hasta la propia Muerte, si no fuera sorda).

FUNERAL ELOGIO AL PADRE MAESTRO FR. HORTENSIO FÉLIX PARAVICINO Y ARTEAGA, PREDICADOR DE SU MAJESTAD

Soneto

El que vivo enseñó, difunto mueve [9],
y el silencio predica en él difunto:
en este polvo mira y llora junto
la vista cuanto al púlpito le debe.

Sagrado y dulce, el coro de las Nueve [10]   5
enmudece en su voz el contrapunto [11]:
faltó la admiración a todo asunto,
y el Fénix [12] que en su pluma se renueve.

Señas te doy del docto y admirable
Hortensio, tales, que callar pudiera   10
el nombre religioso y venerable.

La Muerte aventurara, si le oyera,
a perder el blasón de inexorable [13],
y si no fuera sorda, le perdiera.

---

[9] *mueve:* conmueve.

[10] *el coro de las Nueve:* las nueve Musas.

[11] *contrapunto:* armonía de voces contrapuestas.

[12] *Fénix:* dilogía: *a)* alusión al «Ave Fénix» que renace de sus cenizas, y *b)* referencia al segundo nombre del predicador, «Félix», que no puede renovarse como el ave mitológica.

[13] *inexorable:* inconmovible.

[63]

Comentario: A través de la descripción de unos festejos, Quevedo alaba al monarca que asistió a los mismos. El soneto se estructura circularmente: el término «majestad» del v. 3 se metaforiza en «el sol» del v. 4 (el rey asistía a la fiesta desde un balcón); estas ideas se recogen en la personificación del último terceto: la tempestad quiere alabar también al rey de España, con sus copos de nieve que son como aplausos de alegría.

A LA FIESTA DE TOROS Y CAÑAS [14] DEL BUEN RETIRO EN DÍA DE GRANDE NIEVE

Soneto

Llueven calladas aguas en vellones [15]
blancos las nubes mudas; pasa el día,
mas no sin majestad, en sombra fría,
y mira el sol, que esconde, en los balcones.

No admiten el invierno corazones   5
asistidos de ardiente valentía:
que influye, la española monarquía,
fuerza igualmente en toros y rejones.

---

[14] *cañas:* juego o fiesta de caballos en que se enfrentaban ocho cuadrillas, tirándose cañas largas y protegiéndose con escudos.

[15] Obsérvese en este verso la bella aliteración con que se reproduce la lentitud de la caída de la nieve.

El blasón de Jarama [16], humedecida
y ardiendo, la ancha frente en torva [17] saña, 10
en sangre vierte la purpúrea vida.

Y lisonjera al grande rey de España,
la tempestad, en nieve obscurecida,
aplaudió al brazo, al fresno [18] y a la caña.

---

[16] *blasón de Jarama:* metáfora de toro.
[17] *torva:* fiera, espantosa.
[18] *fresno:* «por sinécdoque se toma por la misma lanza» *(D. A.).*

9. POEMAS SATÍRICOS

9.1. De narices

[64]

Comentario: Los retratos satíricos de «grandes narices» provienen de la poesía griega, de donde toma Quevedo alguna de las imágenes (v. 6) que figuran en este soneto. Pero, por encima del tema literario, dos motivaciones personales del autor subyacen en el poema: 1) su rabioso racismo, volcado contra los judíos (vv. 7 y 11), y 2) un velado ataque contra el conde-duque de Olivares, poseedor de una gran nariz, sospechoso de ascendencia hebrea y que había propuesto solicitar ayuda a los judíos de Salónica para mejorar la economía española. Al margen de estas referencias sociales, este soneto, como toda la poesía satírica de Quevedo, es un prodigio de arquitectura formal: catorce metáforas hiperbólicas se ensartan mediante una sostenida anáfora verbal («Érase...»), caracterizadora de las definiciones.

A UN HOMBRE DE GRAN NARIZ

Soneto

Érase un hombre a una nariz pegado,
érase una nariz superlativa,
érase una alquitara [1] medio viva,
érase un peje [2] espada mal barbado;

---

[1] *alquitara:* «alambique», vaso de destilación de cuello largo.
[2] *peje:* pez.

era un reloj de sol mal encarado,   5
érase un elefante boca arriba,
érase una nariz sayón[3] y escriba[4],
un Ovidio Nasón[5] mal narigado.

Érase el espolón de una galera,
érase una pirámide de Egito,   10
los doce tribus[6] de narices era;

érase un naricísimo infinito,
frisón[7] archinariz, caratulera[8],
sabañón[9] garrafal[10], morado y frito.

[65]

Comentario: Quevedo parodió, en muchas ocasiones, la técnica y las imágenes de la poesía amatoria: doble vertiente del autor barroco, que funde lo serio y lo burlesco en idénticos conceptos. Y para que la sátira sea más efectiva,

---

[3] *sayón:* «verdugo», alusión a los judíos que crucificaron a Cristo.

[4] *escriba:* «intérprete y doctor de la ley hebraica» *(D. A.).*

[5] *Ovidio Nasón:* Publio Ovidio (43 a. de C.-18 d. de C.), autor romano, de gran trascendencia para el Occidente europeo; provenía, al parecer, de una familia famosa por su gran nariz.

[6] *doce tribus:* división bíblica del pueblo de Israel.

[7] *frisón:* caballos fuertes, criados en Frisia (Países Bajos); metáfora por enorme.

[8] *caratulera:* la que hace o vende carátulas o máscaras; la nariz era tan desproporcionada como estas imágenes grotescas.

[9] *sabañón:* «porción de sangre requemada y estancada, que se congela por lo común en las extremidades del cuerpo» *(D. A.).*

[10] *garrafal:* adjetivo aplicado a unas guindas más grandes de lo normal, y luego convertido en sinónimo de «enorme, desproporcionado».

Quevedo se ensaña con una idea en especial que estructura todo el poema: así, en este largo romance, el poeta se aplica a elogiar y admirar la nariz de una dama, como si de ella dependiera su belleza física. Piénsese que, en las descripciones tópicas del rostro femenino, nunca se aludía a la nariz (vv. 85-88), por lo que la carga humorística de Quevedo se intensifica al definir esa nariz con imágenes reservadas solamente para los retratos poéticos se-rios; de ahí, la comicidad de construcciones como «Nariz de mi corazón» (v. 21) o «Hermosas narices mías» (v. 53).

CELEBRA LA NARIZ DE UNA DAMA

Romance

A tus ojos y a tu boca
acuden tantos requiebros,
que ya no caben de pies
en labios y sobrecejos [11].

Yo, que no requiebro en bulla [12],   5
ando a buscar en tu gesto
una parte reservada,
alguna hermosura yermo [13].

Yo soy tu ciego, Zutana;
como por el alma, rezo   10
por la facción que más sola
está de copla en tu cuerpo.

---

[11] *sobrecejos:* ceños.

[12] *bulla:* «ruido causado del concurso de mucha gente en alguna acción» *(D.A.).*

[13] *yermo:* desierto (actúa como sustantivo).

A tus narices me voy,
don Fulano Pañizuelo [14],
y en figura de catarro   15
a tus ventanas me acerco.

Pues hubo pastor Belardo [15],
pues hubo pastor Vireno,
haya pastor Narigano:
guarde por cabras lenzuelos [16].   20

Nariz de mi corazón,
que yo pienso que le tengo
con narices, porque huele
algunas cosas de lejos;

facción que sola está en pie   25
en los llanos de ese cielo,
cuando las demás tendidas
de largo a largo las veo;

promontorio de la cara,
pirámide del ingenio,   30
pabellón de las palabras,
zaquizamí [17] del aliento;

facción que nunca se afloja,
miembro que siempre está enhiesto,
yo sé que tiene envidiosos   35
buen número de gregüescos [18].

---

[14] *Pañizuelo:* «pañuelo para limpiar las narices» *(D.A.).*

[15] *Belardo:* como luego Vireno, nombres pastoriles usados por Lope de Vega.

[16] *lenzuelos:* pañuelos.

[17] *zaquizamí:* «desván, sobrado o último cuarto de la casa» *(D.A.).*

[18] *gregüescos:* calzones.

Si faltas, es calavera [19]
　　la tal cara, sin remedio;
　　si sobras, es alquitara:
　　no admites algún extremo.　　　　　　　　　　40
　　　Rostros sin ojos he visto
　　hermosos, y también tuertos;
　　mas rostro desnarigado
　　es *in pulverem memento* [20].
　　　Nariz es señal de vivo;　　　　　　　　　　　45
　　no nariz, señal de muerto:
　　sin ella está retratada
　　la engullidora de güesos [21].
　　　Ojos y dientes postizos
　　andan engañando necios;　　　　　　　　　　50
　　mas la nariz no consiente
　　sustitutos ni remiendos.
　　　Hermosas narices mías,
　　orientales corrimientos [22],
　　moquitas [23] de mis entrañas:　　　　　　　　55
　　sed la musa de mi plectro [24].
　　　Tomadme como tabaco,
　　para que suba al cerebro

---

[19] *calavera:* lo explica en los vv. 45-46.

[20] *«in pulverem memento»:* alusión a las palabras que el sacerdote pronuncia al imponer la ceniza los Miércoles de Ceniza: «polvo eres y en polvo te convertirás».

[21] *engullidora de güesos:* la Muerte.

[22] *corrimiento:* flujo o secreción anormal de algún humor del organismo; nótese la antítesis con «orientales», epíteto empleado en construcciones metafóricas de gran belleza: «orientales perlas».

[23] *moquitas:* «el moco líquido que destila la nariz» *(D. A.).*

[24] *plectro:* púa para pulsar las cuerdas de la lira o cítara; metáfora por poesía.

y apaguéis en estornudos
a mi ventura lo negro.   60

   La facción de balde sois,
sin comida y sin almuerzos;
sin pedir, como la boca;
sin tomar, como los dedos.

   Señal de ingenio os he hallado   65
en los filósofos griegos,
y miembro pontifical
en la silla de San Pedro [25].

   Para vosotros se gastan
ámbar, almizcle y incienso;   70
y sois la calle Mayor
de la vida y el resuello.

   Si no sois rayos del sol,
ni el oriental embeleco [26],
sois biombo de los rostros,   75
de la frente, balsopetos [27].

   Sois bocado tan sabroso,
que la hambre del entierro
aun no perdona en los santos,
de vuestro pico, lo tierno [28].   80

   Ni Roma sois ni Ginebra [29],
por lo chato y por lo luengo;
sois como la setentona:
la nariz, ni más ni menos.

---

[25] Alusión a «nariz roma» o chata.

[26] *embeleco:* «mentira disfrazada con razones aparentes» *(D. A.).*

[27] *balsopetos:* bolsas grandes.

[28] Porque la calavera no tiene nariz.

[29] *Roma y Ginebra* son dos dilogías: «roma» es chata y «ginebra» era un instrumento que hacía un ruido ensordecedor, de ocho o diez palos del que sobresalía uno desproporcionado, aquí imagen de nariz.

    Hay para los dientes perlas,   85
hay soles para cabellos,
y faltan para narices
briznas de Aurora en los versos.
    Será al fin lo que os dijere,
cuando no elegante, nuevo;   90
y si no fuere famoso,
sonado[30] será a lo menos.
    No os tapéis, narices mías,
pues, tras privarme de veros,
será tratar mis suspiros   95
como a los malos alientos.
    Pues quien os viere tapadas,
cuando a vosotras me llego,
no entenderá que enamoro
y sospechará que huelo.   100

9.2. De calvas

[66]

Comentario: Más que contra la calvicie, Quevedo arremete contra la hipocresía de disimular defectos o taras físicas, en una sociedad como la barroca, en donde las relaciones sociales eran puro fingimiento y apariencia superficial. Por otra parte, la calvicie era signo de una enfermedad venérea y la palabra «calvo» era sinónimo de viejo (ver poema 68), como indica el refrán «calvo vendrá, que calvo vengará».

---

[30] *sonado:* nueva dilogía: *a)* alusión a «sonar la nariz», y *b)* referencia a «algo sonado» o famoso.

CALVO QUE SE DISIMULA CON NO SER CORTÉS

Soneto

Catalina[31], una vez que mi mollera[32]
se arremangó[33], la sucedió... ¿Dirélo?[34]
Sí, que no se la pudo cubrir pelo,
si no se da a casquete[35] o cabellera[36].

Desenvainado el casco, reverbera;   5
casco parece ya de morteruelo[37];
y, por cubrirle, a descortés apelo,
porque en sombrero perdurable muera.

Porque la calva oculta quede en salvo,
aventuro la vida: que yo quiero   10
antes mil veces ser muerto que calvo.

Yo ne he de cabellar[38] por mi dinero;
y pues de la mollera soy cuatralbo[39],
sírvame de cabeza mi sombrero.

---

[31] *Catalina:* nombre femenino, pero también término que designaba vulgarmente la «buba» o sífilis, enfermedad venérea que provocaba la calvicie.

[32] *mollera:* cabeza.

[33] *se arremangó:* se le cayó el pelo.

[34] *¿Dirélo?:* interrogación retórica de gran expresividad, empleada en algún poema serio como en el 16, v. 1.

[35] *se da a casquete:* convertirse en casco pequeño.

[36] *cabellera:* cabello postizo.

[37] *morteruelo:* mortero pequeño, como una media esfera hueca.

[38] *cabellar:* «crecer y echar cabello, o ponerse postizo» *(D.A.).*

[39] *cuatralbo:* jefe o cabo de cuatro galeras.

[67]

Comentario: En la poesía satírica, los motivos temáticos son pura excusa del autor para el lucimiento lingüístico. El término «calvo» fue, además, el que Quevedo ex-plotó con mayor ingenio en sus invenciones léxicas: «calvar», «calvario», «calvatorio», «calvatrueno», «calvete», «calvilla», «calvinista», «calvino», etc., muchas de las cuales ingresaron en el lenguaje popular. Obsérvese que la estructura de este soneto es una continua yuxtaposición de chistes y frases ingeniosas que nada tienen que ver entre sí, pero que dibujan la figura de un «calvo» orgulloso de serlo y convencido de no disimular su condición. Personaje creado, en suma, como oposición a las rígidas apariencias sociales de la España del siglo XVII.

CALVO QUE NO QUIERE ENCABELLARSE [40]

Soneto

Pelo fue aquí, en donde calavero [41];
calva no solo limpia, sino hidalga [42],
háseme vuelto la cabeza nalga:

---

[40] *encabellarse:* «usado jocosamente por traer o ponerse cabellera o peluca» *(D. A.).*

[41] *calavero:* de «calaverar [...] ponerse calvo, cayéndose el pelo» *(D. A.);* el sentido del v. 1 es: «Aquí hubo pelo, en donde me he quedado calvo».

[42] *hidalga:* noble; imagen construida sobre la dilogía de *limpia: a)* reluciente, y *b)* limpia de sangre.

antes güescos [43] pide que sombrero.
Si, cual Calvino soy, fuera Lutero [44], 5
contra el fuego [45] no hay cosa que me valga;
ni vejiga [46] o melón que tanto salga
el mes de agosto puesta al resistero [47].

Quiérenme convertir a cabelleras [48]
los que en Madrid se rascan pelo ajeno [49], 10
repelando las otras calaveras [50].

Guedeja réquiem siempre la condeno:
gasten caparazones [51] sus molleras:
mi comezón [52] resbale en calvatrueno [53].

---

[43] *gregüescos:* calzones.

[44] *Calvino y Lutero:* fueron dos reformadores religiosos del siglo XVI, opuestos al poder papal.

[45] *fuego:* alusión a la hoguera en que se quemaba a los herejes.

[46] *vejiga:* ampolla.

[47] *resistero:* «el tiempo del mediodía hasta las dos en el verano, cuando el sol hiere con mayor fuerza» *(D.A.).*

[48] *convertir a cabelleras:* «atraer, convencer para que me ponga peluca».

[49] *pelo ajeno:* porque llevan cabello postizo; Quevedo imita la frase «rascarse pelo arriba» por «sacar dinero de la faltriquera».

[50] *calaveras:* cabezas.

[51] *caparazones:* «cubierta que se pone encima de otra cosa para preservarla» *(D.A.).*

[52] *comezón:* picazón en alguna parte del cuerpo.

[53] *calvatrueno:* «la calva grande y de toda la cabeza» *(D.A.).*

[68]

Comentario: En los romances satíricos, Quevedo estructura un breve argumento, estrafalario y ridículo, que le sirve como excusa para ensartar todo tipo de chistes, metáforas de doble sentido, dilogías, etc., centradas en el asunto que critica. Aquí, una joven ha sido casada a la fuerza con un calvo (o viejo) y desaconseja tal clase de matrimonios. Obsérvese que, a pesar de que el romance es una ingeniosa burla, montada con complicados juegos formales, late tras él una seria preocupación social del autor por esas bodas concertadas por el interés, sin atender a la felicidad de los desposados.

VARIOS LINAJES DE CALVAS

Romance

«Madres, las que tenéis hijas [54],
ansí Dios os dé ventura,
que no se las deis a calvos,
sino a gente de pelusa [55].
»Escarmentad en mí todas; 5
que me casaron a zurdas [56]
con un capón de cabeza,
desbarbado hasta la nuca.

---

[54] Quevedo parodia el inicio de los romances populares de ciegos.

[55] *pelusa:* dilogía: *a)* alusión al «pelo», y *b)* metáfora por dinero.

[56] *a zurdas:* frase hecha que significa «al revés», imitación también de «casarse a ciegas».

»Antes que calvicasadas [57]
es mejor verlas difuntas:					10
que un lampiño [58] de mollera
es una vejiga lucia [59].
   »Pues que si cincha la calva
con las melenas que anuda,
descubrirá con el viento					15
de trecho a trecho pechugas [60].
   »Hay calvas sacerdotales,
y de estas calvas hay muchas,
que en figura de coronas [61]
vuelven los maridos curas,				20
   »Calvas jerónimas [62] hay
como las sillas de rúa [63]:
cerco delgado y redondo,
lo demás, plaza y tonsura.
   »Hay calvas asentaderas [64],			25
y habían los que las usan
de traerlas con gregüescos [65],
por tapar cosa tan sucia.

---

[57] *calvicasadas:* casadas con calvos; palabra inventada por Quevedo.

[58] *lampiño:* designa al joven al que no le ha salido la barba; aquí, se fuerza este significado, al aplicarlo a cabeza.

[59] *lucia:* que reluce.

[60] *pechugas:* por las partes blancas y saledizas de la calva.

[61] *coronas:* alusión a la tonsura o corte de pelo en forma de corona que se hacían los clérigos y religiosos.

[62] *jerónimas:* alusión a la orden de los jerónimos.

[63] *sillas de rúa:* en el siglo XVI eran las sillas no armadas que, guarnecidas, se empleaban para pasear a caballo.

[64] *calvas asentaderas:* con forma de nalgas.

[65] *gregüescos:* calzones.

»Calvillas hay vergonzantes [66],
como descalabraduras; 30
pero yo llamo calvarios [67]
a las montosas y agudas.

»Hay calvatruenos [68] también,
donde está la barahúnda [69]
de nudos y de lazadas, 35
de trenzas y de costuras.

»Hay calvas de mapamundi,
que con mil líneas se cruzan,
con zonas y paralelos
de carreras que las surcan. 40

»Hay aprendices de calvos,
que el cabello se rebujan [70],
y por tapar el melón,
representan una furia.

»Yo he visto una calva rasa, 45
que dándola el sol relumbra,
calavera de espejuelo,
vidriado [71] de las tumbas.

»Marido de pie de cruz [72]
con una muchacha rubia, 50

---

[66] *vergonzantes:* porque indican una enfermedad venérea.

[67] *calvarios:* «apodo ridículo y voluntario para motejar a uno de calvo» *(D.A.).*

[68] *calvatruenos:* dialogía: *a)* calva grande, y *b)* hombre alocado.

[69] *barahúnda:* «confusión y ruido grande, estrépito, bulla» *(D.A.).*

[70] *se rebujan:* se cubren bien.

[71] *vidriado:* barro de barniz brillante.

[72] *Marido de pie de cruz:* doble metáfora: *a)* calavera (por situarse al pie de la cruz) y, por ello, *b)* calvo.

¿qué engendrará, si se casa,
sino un racimo de Judas?»
　En esto, huyendo de un calvo,
entró una moza de Asturias,
de las que dicen que olvidan   55
los cogotes en la cuna;
　y a voces desesperadas,
maldiciendo su ventura,
dijo de aquesta manera,
cariharta y cejijunta: 60

　«Calvos van los hombres, madre,
calvos van;
mas ellos cabellarán[73].

　»Cabéllense[74] en hora buena,
pues como del brazo ha sido   65
siempre la manga el vestido,
hoy del casco, aunque sea ajena,
es bien lo sea la melena,
y que ande también galán.
Calvos van los hombres, madre, 70
calvos van;
mas ellos cabellarán.

　»¿Quién hay que pueda creello
que haya por naturaleza
heréticos[75] de cabeza,   75

---

[73] Parodia de una canción popular: «Turbias van las aguas, madre,/turbias van;/mas ellas aclararán».

[74] *cabéllense:* pónganse peluca.

[75] *heréticos:* herejes, se refiere a los «calvinistas» del verso siguiente.

calvinistas de cabello?
Los que se atreven a sello,
¿a qué no se atreverán?
Calvos van los hombres, madre,
calvos; 80
mas ellos cabellarán.

　»Cuando hubo españoles finos,
menos dulces y más crudos,
eran los hombres lanudos;
ya son como perros chinos [76]. 85
Zamarro [77] fue Montesinos,
el Cid, Bernardo y Roldán.
Calvos van los hombres, madre,
calvos van;
mas ellos cabellarán. 90

　»Si a los hombres los queremos
para pelarlos [78] acá
y pelados vienen ya,
si no hay que pelar, ¿qué haremos?
Antes morir que encalvemos; 95
alerta, hijas de Adán.
Calvos van los hombres, madre,
calvos van;
mas ellos cabellarán».

---

[76] *chinos:* «se aplica a una especie de perros que no tienen pelo» *(D. A.).*

[77] *Zamarro:* alusión a «barbas de zamarro: expresión con la que se apoda al que tiene muchas barbas» *(D. A.).*

[78] *pelarlos:* es metáfora por quitarles con engaño los bienes.

9.3. De viejos y viejas

[69]

Comentario: Quevedo arremete contra la pretensión de viejos y viejas de disimular su edad, fingiendo apariencias ridículas. Quevedo no toleraba lo que pudiera perturbar el orden natural del mundo y, según su visión estoica, la edad era un hecho muy respetable: una sucesión continua de momentos al final de los cuales el hombre encuentra reposo espiritual (véanse poemas 36, 37 y 38). Dos son los tratamientos con que Quevedo desarrolla el tema de las viejas: *a)* el disfraz de los años, y *b)* el oficio de la alcahuetería, unido, casi siempre, al motivo de la brujería.

VIEJA VUELTA A LA EDAD DE LAS NIÑAS

Soneto

¿Para qué nos persuades eres niña?
¿Importa que te mueras de viruelas?
Pues la falta de dientes y de muelas
boca de taita[79] en la vejez te aliña.

Tú te cierras de edad[80] y de campiña[81],　　　5
y a que están[82] por nacer, chicota, apelas;

---

[79] *taita:* «nombre con que el niño hace cariños, llamando a su padre» *(D. A.),* por traslación de significados equivale a «boca de niño».

[80] *cierras de edad:* «cerrar de edad» se aplicaba a las caballerías, cuando echaban todos los dientes hacia los siete años.

[81] [*cierras*] *de campiña:* «cerrarse de campiña: obstinación del ánimo en no desistir de cualquier empeño» *(D. A.).*

[82] *están:* se refiere a los dientes.

gorjeas con quijadas bisagüelas
y llamas metedor[83] a la basquiña[84].

La boca, que fue chirlo[85], agora embudo[86],
disimula lo rancio[87] en los antaños,   10
y nos vende por babas el engrudo.

Grandilla[88] (porque logres tus engaños),
que tienes pocos años no lo dudo,
si son los por vivir los pocos años.

[70]

Comentario: La sátira se dirige, en este caso, contra los deseos lujuriosos del viejo, que disimula su edad con afeites y tinturas. Los estribillos del romance emparentan el poema con los del tema de casamientos desiguales por la edad: véase, por ejemplo, el poema 68. La parodia lingüística comienza ya desde los primeros versos, con los que Quevedo imita al antiguo «Romance de Sayavedra»: «Río verde, río verde, / más negro vas que la tinta».

---

[83] *metedor:* «paño de lienzo que se pone a los niños debajo del pañal» *(D. A.).*

[84] *basquiña:* «saya que traen las mujeres desde la cintura al suelo» *(D. A.).*

[85] *chirlo:* cicatriz de una cuchillada.

[86] *embudo:* «metafóricamente, equivale a trampa, engaño artificioso» *(D. A.).*

[87] *rancio:* añejo, antiguo.

[88] *Grandilla:* contrapuesto al «chicota» del v. 6; son apelativos familiares.

DESMIENTE A UN VIEJO POR LA BARBA

Romance

Viejo verde, viejo verde[89],
más negro vas que la tinta[90],
pues a poder de borrones[91]
la barba llevas escrita.
    Recoger quiere la nieve
5
que tus edades ventiscan
en pozos de cementerio
la calavera Charquías[92].
    Sobre blanco, capa negra[93]
es mocedad dominica;
10
hoy tinta y ayer papel[94],
barba será escribanía.
    Aunque la pongas tan negra
que puedan llamarla prima[95],

---

[89] *Viejo verde:* frase aún popular con que se motejan los deseos lujuriosos del viejo.

[90] *tinta:* alusión al tinte dado en las canas.

[91] *borrones:* manchas dejadas por el tinte en la barba; es metáfora construida sobre la del v. 2.

[92] *Charquías:* Pablo Charquías inventó en España los pozos para conservar nieve con la que enfriar bebidas.

[93] Los dominicos visten sobre el hábito blanco una capa negra.

[94] *papel:* alusión al color blanco de la barba antes de ser teñida.

[95] *prima:* las horas iniciales de la noche entre las ocho y las once; metáfora por negra.

doña Blanca de Borbón [96]   15
está presa en tus mejillas.

    Cabello que dio en canario [97],
muy mal a cuervo [98] se aplica;
ni es buen Jordán [99] el tintero
al que envejece la pila [100].   20

    Son refino de Meléndez [101]
los pelos de cotonía [102],
busca Segovia [103] de arrugas,
y cátate [104] que te aniñas.

    No puedes ser mozo, dijo la niña,   25
sin ser gato [105] o mozo de otro que sirvas.

Bigotes que amortajaron
en blanco lienzo los días
el escabeche [106] los cubre,
pero no los resucita.   30

---

[96] *doña Blanca de Borbón:* triple juego de palabras: *a)* la «blanca» era una moneda de poco valor, *b)* se alude al color real de la barba; *c)* el personaje histórico fue la primera esposa de Pedro I el Cruel, quien mandó asesinarla; este último significado propicia el «presa» del v. 16.

[97] *canario:* voz de germanía: es el preso que ha confesado o «cantado» su delito; la barba de este viejo «confiesa» que ha sido teñida.

[98] *cuervo:* metáfora por «negro» y juego de palabras con «canario».

[99] *Jordán:* se creía que las aguas del río Jordán rejuvenecían a los hombres que se bañaban en él.

[100] Verso que alude al judío que no quiere bautizarse.

[101] *Meléndez:* carboncillo negro, para pintar uñas y cejas.

[102] *cotonía:* «tela hecha de algodón, ordinariamente blanca» *(D.A.).*

[103] *Segovia:* las tierras de Segovia tienen fama de quitar las arrugas.

[104] *cátate:* date cuenta.

[105] *gato:* ladrón.

[106] *escabeche:* salsa para conservar pescados u otros alimentos; figuradamente, «escabechar» significaba «teñir las canas».

Barbado de naterones [107]
te vieron; y ya te miran,
por lo pez [108], barba de viernes,
y por mostachos, sardinas [109].

Barba de *memento homo* [110], 35
a poder de las cenizas,
hoy con sotana y manteo [111]
la sobrepelliz [112] cobija.

Enojado con los años,
se te subió muy aprisa 40
a los bigotes el humo,
cuando a las narices iba [113].

Pues que te quedaste *in albis* [114],
¿qué importará que te tiñas,
si las muchas Navidades 45
contra el betún [115] atestiguan?

Ya que salieron tus sienes
a las calles en camisa [116],

---

[107] *naterones:* requesones.
[108] *pez:* resina del pino, cocida hasta ponerse negra; alusión a este color, propiciada por la metáfora «escabeche».
[109] *sardinas:* alusión al color plateado.
[110] «*memento homo*»: «recuerda hombre», palabras iniciales del rito de la imposición de la ceniza los Miércoles de Ceniza.
[111] *sotana y manteo:* de color negro.
[112] *sobrepelliz:* vestidura blanca, que llega hasta la cintura, más o menos, empleada en las funciones litúrgicas.
[113] Alusión a la frase «subirse el humo a las narices»; aquí, el «humo» del hollín con que se tiñe el viejo se «ha subido a los bigotes».
[114] «*in albis*»: en blanco.
[115] *betún:* tintura negra.
[116] *camisa:* por el color blanco.

> cuando quieren acostarse [117],
> ¿de qué sirve que las vistas [118]?
> *Pues no puedes ser mozo, dijo la niña,*
> *sin ser gato o mozo de otro que sirvas.*

9.4. De cornudos y casamientos

[71]

Comentario: Quevedo odiaba los matrimonios concertados por obligaciones políticas y por motivos económicos; eran imagen de esa falsedad engañosa que él percibía en la realidad social; recuérdese que a él le buscaron esposa con el fin de evitar ciertas murmuraciones que corrían sobre su persona, y fue matrimonio que duró ocho meses. Este tipo de bodas engendra adulterios, cornudos e infidelidades: aspectos deplorables de los que Quevedo se burla con ironía y, también, con crueldad, como en este romance, donde los sujetos elegidos para la sátira son dos «negros», es decir, musulmanes de tez oscura, que vivían en la Península en condiciones de esclavitud. No hay que olvidar el feroz racismo que anima muchas de las composiciones de Quevedo (véase el poema 64).

---

[117] *acostarse:* señala la proximidad de la muerte.
[118] *vistas:* tiñas.

BODA DE NEGROS [119]

Romance

Vi, debe de haber tres días,
en las gradas de San Pedro [120],
una tenebrosa boda,
porque era toda de negros.
  Parecía matrimonio 5
concertado en el infierno:
negro esposo y negra esposa
y negro acompañamiento.
  Sospecho yo que, acostados,
parecerán sus dos cuerpos, 10
junto el uno con el otro,
algodones y tintero [121].
  Hundíase de estornudos
la calle por do volvieron
que una boda semejante 15
hace dar más que un pimiento [122].
  Iban los dos de las manos
como pudieran dos cuervos;
otros dicen como grajos,
porque a grajos [123] van oliendo. 20

---

[119] *Boda de negros:* era frase hecha: «se aplica a cualquier función en que hay mucha bulla, confusión, grita y algazara» *(D. A.).*

[120] *San Pedro:* es la iglesia de San Pedro el Viejo de Madrid.

[121] *algodones y tintero:* los tintes negros se aplicaban con algodón.

[122] *pimiento:* planta que produce la pimienta en forma de diminutos granos negros; la pimienta causa «estornudos» (v. 13).

[123] *grajos:* igual que los cuervos, tienen plumas negras, pero «grajo» significa también la fetidez del sudor de los negros desaseados.

    Con humos van de vengarse
(que siempre van de humos [124] llenos)
de los que, por afrentarlos,
hacen los labios traseros [125].
    Iba afeitada [126] la novia   25
todo el tapetado [127] gesto
con hollín y con carbón
y con tinta de sombreros.
    Tan pobres son, que una blanca [128]
no se halla entre todos ellos;   30
y por tener un cornado [129]
casaron a este moreno [130].
    Él se llamaba Tomé,
y ella, Francisca del Puerto;
ella esclava [131], y él es clavo [132]   35
que quiere hincársele en medio.

---

[124] *humos:* en v. 21 significa «presunción» y aquí es vapor negro de algo que se quema, funcionando como alusión de ese color.

[125] *hacen los labios traseros:* representar con los labios la forma del trasero y soplar como señal de insulto.

[126] *afeitada:* con los afeites o maquillajes de los vv. 27-28.

[127] *tapetado:* de color oscuro.

[128] *blanca:* moneda de poco valor; los negros no tienen ni una «blanca» por ser de opuesto color.

[129] *cornado:* moneda de menos valor que la «blanca» y alusión a los cornudos.

[130] *moreno:* hombre negro.

[131] *esclava:* los negros aún se usaban como esclavos en el si-glo XVII y eran herrados con una *S* atravesada por un clavo.

[132] *es clavo:* calambur: puede leerse «esclavo», pero, separado, «clavo» es metáfora de miembro viril, lo que se explica en el verso siguiente.

Llegaron al negro patio
donde está el negro aposento
en donde la negra boda
ha de tener negro efecto.   40
　　Era una caballeriza,
y estaban todos inquietos,
que los abrasaban pulgas,
por perrengues [133] o por perros.
　　A la mesa se sentaron,   45
donde también les pusieron
negros manteles y platos,
negra sopa y manjar negro [134].
　　Echoles la bendición
un negro veintidoseno [135],   50
con un rostro de azabache
y manos de terciopelo.
　　Diéronles el vino, tinto;
pan, entre mulato y prieto [136];
carbonada [137] hubo, por ser   55
tizones [138] los que comieron.

---

[133] *perrengue:* «se da este nombre al que […] se enoja, encoleriza o emperra; y también al negro, o porque se encoleriza con facilidad o por llamarle perro…» *(D. A.).*

[134] *manjar negro:* antítesis de «manjar blanco: guisado que se compone de pechugas de gallinas cocidas, deshechas con azúcar y harina de arroz» *(D. A.).*

[135] *veintidoseno:* se aplicaba a una especie de paño que constaba de ventidós centenares de hilo; era de baja calidad, igual que el «terciopelo» del v. 51: paño de tres pelos.

[136] *prieto:* negro.

[137] *carbonada:* «carne cocida, que después se asa en las ascuas o en las parrillas» *(D. A.).*

[138] *tizones:* alusión a los negros.

    Hubo jetas [139] en la mesa
y en la boca de los dueños,
y hongos, por ser la boda
de hongos [140], según sospecho.   60
    Trujeron muchas morcillas,
y hubo algunos que, de miedo,
no las comieron, pensando
se comían a sí mesmos.
    Cuál, por morder del mondongo [141],   65
se atarazaba [142] algún dedo,
pues solo diferenciaban
en la uña de lo negro.
    Mas cuando llegó el tocino [143],
hubo grandes sentimientos,   70
y pringados con pringadas [144]
un rato se enternecieron.
    Acabaron de comer,
y entró un ministro guineo [145]
para darles aguamanos   75
con un coco y un caldero.
    Por toalla trujo al hombro
las bayetas [146] de un entierro;

---

[139] *jetas:* setas, su forma permite la imagen del verso siguiente.

[140] *boda/de hongos:* boda muy pobre.

[141] *mondongo:* especie de morcilla.

[142] *atarazaba:* cortaba.

[143] *tocino:* además de carne salada del puerco, en germanía significaba «azote».

[144] A los esclavos, después de azotados, se les echaba «pringue» (grasa de tocino) hirviendo.

[145] *guineo:* aquí funciona como adjetivo, pero era también un baile de negros.

[146] *bayetas:* «adorno que se pone a los difuntos en el féretro» *(D.A.).*

>   laváronse, y quedó el agua
>   para ensuciar todo un reino.   80
>   Negros de ellos se sentaron
>   sobre unos negros asientos,
>   y en voces negras cantaron
>   también denegridos versos:
>   «Negra es la ventura   85
>   de aquel casado
>   cuya novia es negra
>   y el dote en blanco».

[72]

Comentario: Quevedo muestra, con ironías hiperbólicas, las adversidades de la vida de un casado, que solo por el hecho de haber soportado el matrimonio merece alcanzar la santidad. Hay, pues, una parodia en la base del poema: la imitación del «proceso» e «información» (v. 1) que debe reunirse para justificar la canonización de alguien. Obsérvese la hipérbole profana del v. 7, imitación de «padeció so el poder de Poncio Pilatos».

A UN HOMBRE CASADO Y POBRE

Soneto

>   Esta es la información, este el proceso
>   del hombre que ha de ser canonizado,
>   en quien, si advierte el mundo algún pecado,
>   admiró penitencia con exceso.

Diez años en su suegra estuvo preso, 5
a doncella [147], y sin sueldo, condenado;
padeció so el poder de su cuñado;
tuvo un hijo no más, tonto y travieso.

Nunca rico se vio con oro o cobre;
siempre vivió contento, aunque desnudo; 10
no hay descomodidad que no le sobre.

Vivió entre un herrador [148] y un tartamudo [149];
fue mártir, porque fue casado y pobre;
hizo un milagro, y fue no ser cornudo.

[73]

Comentario: No hay que olvidar que Quevedo protagonizó, también, un «casamiento ridículo». El poeta perfila, de modo grotesco, a los dos contrayentes: él es pastelero (véase poema 81) y ella, vieja e inclinada al adulterio. Dos personajes, por tanto, que engañan mutuamente: el pastelero, por la masa repugnante con que formaba los pasteles, y la mujer, por los devaneos a los que piensa entregarse.

CASAMIENTO RIDÍCULO

Soneto

Trataron de casar a Dorotea
los vecinos con Jorge el extranjero,

---

[147] *a doncella:* alude a que el marido servía a su mujer.
[148] *herrador:* metáfora por la mujer.
[149] *tartamudo:* referencia al hijo.

de mosca en masa gran sepulturero [150],
y el que mejor pasteles aporrea.

Ella es verdad que es vieja, pero fea [151];   5
docta en endurecer [152] pelo y sombrero;
faltó el ajuar, y no sobró dinero,
mas trújole tres dientes de librea [153].

Porque Jorge después no se alborote
y tabique ventanas y desvanes,   10
hecho tiesto de cuernos el cogote,

con un guante, dos moños, tres refranes
y seis libras de zarza [154], llevó en dote
tres hijas, una suegra y dos galanes.

[74]

Comentario: Soneto imbuido de una fuerte carga moral; se estructura por medio de reflexiones sobre el tiempo, muy próximas a la angustia señalada en los poemas 33, 34, 35 y 36, donde se desarrollaba la idea del paso del tiempo y de sus terribles efectos. Esas consecuencias destructivas son aún mucho más perceptibles en el matrimonio; aquí se explicitan en el hastío, en el cansancio y en la monotonía (v. 11), que, enseguida,

---

[150] *sepulturero:* metáfora por «pastelero», puesto que «sepulta» moscas en la masa de los pasteles.

[151] *pero fea:* adversativa ironizante.

[152] *docta en endurecer…:* experta en crear cornudos.

[153] *librea:* equivale a regalo; como la «vieja» no tiene dientes se los da en dote.

[154] *zarza:* zarzaparrilla, usada para curar enfermedades venéreas.

acaban separando las vidas y «voluntades» (v. 7) del marido y de la mujer.

HASTÍO DE UN CASADO AL TERCERO DÍA

Soneto

Antiyer nos casamos; hoy querría,
doña Pérez, saber ciertas verdades:
decidme, ¿cuánto número de edades [155],
enfunda el matrimonio en solo un día?

Un antiyer, soltero ser solía,   5
y hoy, casado, un sin fin de Navidades
han puesto dos marchitas voluntades
y más de mil antaños en la mía [156].

Esto de ser marido un año arreo [157],
aun a los azacanes [158] empalaga;   10
todo lo cotidiano es mucho y feo.

Mujer que dura un mes, se vuelve plaga;
aun con los diablos fue dichoso Orfeo [159],
pues perdió la mujer que tuvo en paga.

---

[155] *edades:* siglos; hipérbole con el v. 4: «un día de matrimonio es como muchos siglos».

[156] *la mía:* se refiere a «mi voluntad» cargada enseguida de tiempo.

[157] *arreo:* sin interrupción; continúa la idea de «carga temporal», echada sobre la voluntad del marido.

[158] *azacanes:* aguadores que «cargaban» agua para transportarla.

[159] *Orfeo:* músico mitológico, que intentó rescatar a Eurídice de los infiernos sin conseguirlo; Quevedo piensa que «fue dichoso» por perderla para siempre; véase, también, en el poema 105, vv. 33-36.

[75]

Comentario: Quevedo patentiza la crisis moral de su época a través de estos «cornudos», que consentían serlo con tal de obtener un beneficio económico a cambio de su deshonra. En otro poema, Quevedo definió al «cornudo» como «marido de quita y pon/entre sordo y entre necio». En este soneto, la ironía es la figura fundamental.

UN CASADO SE RÍE DEL ADÚLTERO QUE LE PAGA EL GOZAR CON SUSTO LO QUE A ÉL LE SOBRA

Soneto

Dícenme, don Jerónimo, que dices [160]
que me pones los cuernos con Ginesa;
yo digo que me pones casa y mesa,
y en la mesa, capones y perdices.

Yo hallo que me pones los tapices [161]   5
cuando el calor por el octubre cesa;
por ti mi bolsa, no mi testa [162], pesa,
aunque con molde de oro me la rices.

---

[160] *dícenme…que dices:* políptote y epanadiplosis; Quevedo imita frases con las que se pretendía demostrar indiferencia ante las murmuraciones, por ejemplo, «decir por decir» o «digan, que de Dios dijeron».

[161] *tapices:* se colgaban en las paredes como adorno y como forma de conservar el calor de las habitaciones.

[162] *testa:* cabeza; alusión a los cuernos.

Este argumento es fuerte y es agudo:
tú imaginas ponerme cuernos; de obra [163]   10
yo, porque lo imaginas, te desnudo.

Más cuerno [164] es el que paga que el que cobra,
ergo [165], aquel que me paga, es el cornudo,
lo que de mi mujer a mí me sobra [166].

[76]

Comentario: La intensificación satírica de este soneto se logra mediante la continua repetición del término «cuerno» en todas sus derivaciones y acepciones léxicas. Resultan, así, significativas las rimas de los versos 1 y 14 («cornudo»-«cornuda»): abren y terminan el poema, perfilándolo como un círculo cerrado de significaciones. La insistencia en las palabras «cuerno» y «cornudo» reproduce la acción de motejar o censurar a uno repetidamente su condición de «marido engañado».

A UNO QUE SE MUDABA CADA DÍA POR GUARDAR SU MUJER

Soneto

Cuando tu madre te parió cornudo,
fue tu planeta [167] un cuerno de la luna;

---

[163] *de obra:* materialmente, contrapuesto a «imaginas».

[164] *cuerno:* equivale a necio.

[165] *ergo:* «por lo tanto», término con el que se llegaba a la idea conclusiva en los «argumentos» (v. 9).

[166] Nótese la ironía: el marido no es que sea «cornudo consentido», sino que le «sobra» mujer, por lo malo que en ella hay.

de madera de cuernos fue tu cuna,
y el castillejo [168] un cuerno muy agudo.

Gastaste en dijes [169] cuernos [170] a menudo;   5
la leche que mamaste era cabruna;
diote un cuerno por armas la Fortuna [171]
y un toro en el remate de tu escudo.

Hecho un corral de cuernos te contemplo;
cuernos pisas con pies de cornerina [172],   10
a la mañana un cuerno [173] te saluda.

Los cornudos en ti tienen un templo.
Pues, cornudo de ti, ¿dónde caminas
siguiéndote una estrella tan cornuda?

---

[167] *fue tu planeta:* como en el romance 102, Quevedo se burla de la costumbre de mencionar signos astrológicos o zodiacales como medio de significar la buena o mala fortuna que acompañará al nacido. Este «marido burlado» nació ya predestinado a ello, puesto que «la luna» era un «cuerno», es decir, estaba en cuarto menguante o creciente.

[168] *castillejo:* andador: «catedrilla o púlpito de madera en que meten a los niños para que se enseñen a andar» *(D. A.).*

[169] *dijes:* «todo género de juguetes que sirven al adorno o al entretenimiento» *(D. A.).*

[170] *cuernos:* o «cornados»: monedas de cobre y de plata.

[171] *Fortuna:* a esta diosa se le representaba con una cornucopia o vaso grande con forma de cuerno de toro, que significaba la abundancia.

[172] *cornerina:* «piedra preciosa semejante a la uña humana» *(D. A.);* corrijo el «cornería» del ms. que rompe la rima del verso 13.

[173] *cuerno:* trompeta.

9.5. De mosquitos

[77]

Comentario: La imagen del «mosquito» es una excusa para que Quevedo ensarte metáforas, juegos de palabras, creaciones léxicas (v. 4), con el propósito de disfrazar poéticamente una realidad, que borra sus límites para adquirir las dimensiones estéticas que le presta el propio poema. Piénsese que la poesía barroca deforma sistemáticamente las impresiones y sensaciones que el artista ex-trae de su vivir, proponiendo otras nuevas en su sustitución. Es una poesía en la que el juego lingüístico supera las formas del conocimiento humano.

BEBE VINO PRECIOSO
CON MOSQUITOS [174] DENTRO

Soneto

Tudescos moscos [175] de los sorbos finos,
caspa de las azumbres [176] más sabrosas,
que porque el fuego tiene mariposas [177],
queréis que el mosto tenga marivinos [178],

---

[174] Hay mosquitos «que se crían en el vino o vinagre, y en la humedad de las cuevas, que no hacen mal alguno» *(D.A.)*.

[175] *Tudescos moscos:* «tudescos» o alemanes es sinónimo de bebedor; los mosquitos (o «moscos») tenían fama de que les gustaba el vino.

[176] *azumbres:* medida de líquidos, equivalente a unos dos litros, aplicable sobre todo al vino.

[177] El fuego atrae a las mariposas.

[178] *marivinos:* término inventado por Quevedo, a imitación de «mari/posas».

aves luquetes [179], átomos mezquinos, 5
motas borrachas, pájaras vinosas,
pelusas [180] de los vinos envidiosas,
abejas de la miel de los tocinos [181],

liendres [182] de la vendimia, yo os admito
en mi gaznate, pues tenéis por soga [183] 10
al nieto de la vid, licor bendito.

Tomá en el trago hacia mi nuez la boga [184],
que, bebiéndoos a todos, me desquito
del vino que bebistes y os ahoga.

[78]

Comentario: Como en el poema 56, la brevedad formal de la estructura lingüística equivale a una intensificación del contenido y de la belleza artística. Casi todas las metáforas y conceptos que engarza Quevedo en esta décima se utilizaron ya en el soneto anterior; hasta el final es idéntico, pero la expresividad es mayor porque la concentración de imágenes en espacio tan reducido hacen aumentar su significación poética.

---

[179] *luquetes:* «la ruedecita de cáscara de limón o naranja, que se suele echar en el vino» *(D. A.).*

[180] *pelusas:* «pelo que suele haber en algunas plantas o frutas» *(D. A.).*

[181] *miel de los tocinos:* metáfora por vino, ya que con el tocino salado se bebía mucho vino.

[182] *liendres:* huevos del piojo.

[183] *soga:* el vino es la soga que ha ahogado a los mosquitos y el vino es, también, el «nieto de la vid» del verso 11.

[184] *boga:* acción de remar.

AL MOSQUITO DEL VINO

Décima

Mota borracha, golosa,
de sorbos ave luquete;
mosco irlandés [185] del sorbete [186],
y del vino mariposa.
De cuba rana vinosa,   5
liendre del tufo más fino,
y de la miel del tocino
abeja, zupia [187] mosquito:
yo te bebo, y me desquito
lo que me bebes de vino.   10

[79]

Comentario: Este soneto demuestra la forma en que Quevedo puede aprovechar cualquier tema insignificante (la definición de un mosquito: v. 11) para extraer conclusiones morales (igualdad entre el mosquito y las mujeres: versos 12-14).

---

[185] *mosco irlandés:* como en el v. 1 del soneto 77, Quevedo aprovecha la imagen de un pueblo con fama de bebedor.
[186] *sorbete:* diminutivo de «sorbo» o «zumo de fruta sabrosa y azúcar» *(D. A.).*
[187] *zupia:* vino revuelto que tiene mal color y gusto.

AL MOSQUITO DE LA TROMPETILLA [188]

Soneto

Ministril [189] de las ronchas [190] y picadas,
mosquito postillón [191], mosca barbero [192],
hecho me tienes el testuz [193] harnero [194],
y deshecha la cara a manotadas.

Trompetilla, que toca a bofetadas, 5
que vienes con rejón contra mi cuero,
Cupido pulga [195], chinche trompetero,
que vuelas comezones [196] amoladas [197],

---

[188] *mosquito de la trompetilla:* «unos hay con zancas muy largas, que llaman zancudos o de trompetilla, por el sonido o zumbido que hace» *(D. A.).*

[189] *ministril:* músico que tocaba unos instrumentos llamados «ministriles» (como trompetillas); el zumbido del mosquito es el que le hace asemejarse a la imagen del músico.

[190] *ronchas:* bultos enrojecidos en la piel por la picadura de un insecto.

[191] *postillón:* mozo que, con una trompeta, guiaba a caballo a los que iban en la posta de correos.

[192] *barbero:* los barberos —cantores por excelencia— aplicaban sangrías a los clientes, además de sacarles muelas.

[193] *testuz:* cogote.

[194] *harnero:* criba grande; el parecido se establece por la superficie llena de agujeros.

[195] *Cupido pulga:* metáfora por mosquito; Cupido era el niño-dios del amor que dispara flechas.

[196] *comezones:* picazones.

[197] *amoladas:* afiladas.

    ¿por qué me avisas [198], si picarme quieres?
Que pues que das dolor a los que cantas,   10
de casta y condición de potras [199] eres.

    Tú vuelas, y tú picas, y tú espantas,
y aprendes del cuidado y las mujeres
a malquistar [200] el sueño con las mantas.

[80]

Comentario: La intensificación estructural es más perfecta en esta décima que en el poema 78, porque Quevedo va aumentando las definiciones con que dibuja poéticamente el mosquito: los versos 1-2 y 3-4 contienen, respectivamente, tres metáforas, mientras que los versos 5-6 desarrollan seis conceptos. De nuevo, el poeta cierra su composición con una reflexión moral, que alude, en este caso, al riesgo de ser «cornudo» por ser «marido».

AL MOSQUITO DE TROMPETILLA

Décima

    Saturno [201] alado, ruïdo
con alas, átomo armado,
bruja ave, aguijón alado,
crüel sangrador zumbido,
ministril, pulga, Cupido,   5

---

[198] *avisas:* el zumbido es el aviso.
[199] *potras:* hernias, que anuncian con dolor el cambio de temperatura.
[200] *malquistar:* enemistar.
[201] *Saturno:* padre de los dioses; devoraba a sus hijos.

clarín, chinche, trompetero [202];
no toques, mosca barbero,
que, mosquito postillón,
le vienes a dar rejón,
sin ser marido, a mi cuero.   10

9.6. De pasteleros y taberneros

[81]

Comentario: Los pasteleros fueron criticados con dureza por Quevedo porque falseaban los productos que vendían al público, amasando compuestos repugnantes para los pasteles, desde carne de caballos enfermos hasta carne de perro, o cosas peores (vv. 10-12). El poema finge la descripción de un retrato; está estructurado en tres partes, con el fin de mostrar la falsedad de las apariencias: *a)* vv. 1-8: presentación externa, llena de dignidad; *b)* vv. 9-16: aclaración del oficio, que manifiesta el verdadero interior del personaje; *c)* vv. 17-26: explicación moral del personaje.

[A UN PASTELERO]

Este, cuya caraza mesurada [203]
con calva, panza y gota [204],

---

[202] Nótese cómo Quevedo separaba dos construcciones metafóricas (v. 5: «pulga, Cupido», y v. 6: «chinche, trompetero») que aparecían juntas en el v. 7 del soneto anterior.

[203] *mesurada:* tranquila.

[204] *gota:* enfermedad similar al reúma.

zapatos sin orejas [205], barba honrada,
gorra y sayo de sota [206],
todos trastes [207] de cuerdo y caballero 5
(hablando con perdón), fue pastelero.
Y es toda aquesta gala
hija de un horno y nieta de una pala.

    Y sábese por cierto
que en su tiempo no hubo perro muerto, 10
rocines [208], monas, gatos, moscas, pieles,
que no hallasen posada en sus pasteles;
teniendo solamente de carnero
parecerlo en los güesos que llevaban.
Los que comian después desenterraban, 15
y él, haciéndolos, fue sepulturero.

    Dicen que era tan sucio
(aunque lo veis aquí tan limpio y lucio [209]:
ved lo que el rostro engaña),
que si entonces hubiera asco en España 20
(que aún no diz que se usaba ni le había),
que muriera de hambre el mismo día:
porque primero de hambre se murieran
que pasteles comieran.
Mandóse retratar: ved con cuidado 25
lo que va de lo vivo a lo pintado.

---

[205] *orejas:* parte del zapato, ajustable al empeine por medio de cintas o hebillas.
[206] *sota:* alude a la figura de los naipes que representa a un infante.
[207] *trastes:* disposiciones.
[208] *rocines:* caballos de mal aspecto y flacos.
[209] *lucio:* que reluce.

[82]

Comentario: Los taberneros eran criticados por echar agua en las azumbres de vino. «Falsificador de las viñas» es el término con que Quevedo los moteja en *La Hora de todos*. Este tema se funde con el del vino y los mosquitos (véanse poemas 77 y 78): así, en la misma «fantasía» en prosa, señala: «El otro, que, por lo aguanoso, esperaba antes pescar en la copa ranas que soplar mosquitos...». Obsérvese en este soneto el juego lingüístico consistente en forzar una misma terminación consonántica («-z») para la catorce rimas.

GABACHO [210] TENDERO DE ZORRA [211] CONTINUA

Soneto

Esta cantina [212] revestida en faz;
esta vendimia en hábito soez;
este pellejo, que, con media nuez,
queda con una cuba taz a taz [213],

---

[210] *Gabacho:* los «gabachos» eran habitantes de los Pirineos, que bajaban al Reino de Aragón «donde se ocupan y ejercitan en los ministerios más bajos y humildes» *(D. A.);* por ello, la palabra se convirtió en sinónimo de «asqueroso» y «sucio».

[211] *zorra:* borrachera.

[212] *cantina:* metáfora por tabernero, como el resto de las definiciones del poema.

[213] *taz a taz:* «se usa para significar que una cosa se permuta o trueca por otra sin añadir precio alguno, como si dijera tanto por tanto» *(D.A.).*

       esta uva, que nunca ha sido agraz [214],   5
    el que con una vez bebe otra vez;
    este, que deja a sorbos pez con pez [215]
    las bodegas de Ocaña y Santorcaz [216];

       este, de quien Panarra [217] fue aprendiz,
    que es pulgón de las viñas su testuz [218],   10
    pantasma [219] de las botas su nariz:

       es mona [220] que a los jarros hace el buz [221],
    es zorra que al vender se vuelve miz [222],
    es racimo, mirándole a la luz.

9.7. De médicos

[83]

Comentario: En la Antigüedad clásica era ya un tema habitual la presentación de los médicos como figuras macabras, amigos de la muerte, porque en vez de curar, mataban. Quevedo exprimirá al máximo esta idea (vv. 1-2),

---

[214] *agraz:* la uva de vid sin madurar.

[215] *pez con pez:* vacías; «tómase de que están así los pellejos cuando están vacíos» *(D.A.).*

[216] *Ocaña y Santorcaz:* localidades de Toledo y Madrid, respectivamente, famosas en el siglo XVII por su producción vinícola.

[217] *Panarra:* equivale a borracho.

[218] *testuz:* cabeza.

[219] *pantasma:* fantasma.

[220] *mona:* igual que «zorra», significa borrachera.

[221] *hace el buz:* adula.

[222] *miz:* gato y, por tanto, metáfora por ladrón.

convirtiendo a los médicos en seres grotescos, mediante procedimientos descriptivos hiperbólicos, que se centran, sobre todo, en las características representativas de los doctores: la sortija (v. 1), las recetas (vv. 6-8), la mula (v. 5) y los guantes.

MÉDICO QUE PARA UN MAL QUE NO QUITA, RECETA MUCHOS

Soneto

La losa en sortijón [223] pronosticada
y por boca una sala [224] de viuda,
la habla entre ventosas [225] y entre ayuda [226],
con el «Denle a cenar poquito o nada».

La mula, en el zaguán, tumba enfrenada [227];   5
y por julio, un «Arrópenle si suda;
no beba vino; menos agua cruda;
la hembra, ni por sueños, ni pintada».

---

[223] *sortijón:* la piedra de la sortija del médico «pronosticaba» al enfermo la losa de la sepultura que le iba a cubrir después de «curado».

[224] *sala:* metáfora por boca del médico, ya que con sus palabras anunciaba viudeces; las viudas se reunían en *salas* con vecinas y amigas para llorar al difunto.

[225] *ventosas:* vasos calentados que se aplicaban a algunas partes del cuerpo para atraer los malos humores.

[226] *ayuda:* lavativas.

[227] *tumba enfrenada:* los médicos cubrían a la mula con una cobertura de lana negra; la metáfora incide en el carácter mortífero de los médicos.

Haz la cuenta conmigo, doctorcillo:
para quitarme un mal, ¿me das mil males?   10
¿Estudias medicina o Peralvillo [228]?

¿De esta cura me pides ocho reales?
Yo quiero hembra y vino y tabardillo [229],
y gasten tu salud los hospitales.

[84]

Comentario: Rasgo típico de la poesía barroca es el desarrollo de un tema principal (los médicos), desde una perspectiva secundaria (habla el candil que le alumbra en sus estudios). Se consigue, así, una perífrasis o rodeo compositivo, que establece un punto de vista impersonal, con que se distancia el poema del autor y se acerca más al lector.

MATÓ UN MÉDICO SU CANDIL, ESTUDIANDO, POR DESPABILARLE [230], Y RECONOCE EL CANDIL JUSTA AQUELLA PENA POR SU CULPA

Soneto

Si alumbro yo por que a matar aprenda,
¿de qué me espanto yo de que me apague?

---

[228] *Peralvillo:* lugar cercano a Ciudad Real, donde la Inquisición ajusticiaba con saetas a los condenados a muerte; metáfora por matar un hombre.

[229] *tabardillo:* «fiebre maligna, que arroja al exterior unas manchas pequeñas como picaduras de pulga». *(D. A.).*

[230] *despabilarle:* apagar la vela o candil, quitando la vela o pábilo.

Pues en mí «Quien tal hace que tal pague»
justifica el doctor se comprehenda.

Despabila[231] al que cura y a su hacienda;   5
cura al que despabila, aunque le halague;
basta para matar que solo amague:
de calaveras es su estudio tienda.

Por ser matar la hambre comer, come;
hasta a su mula mata de repente;   10
ninguno escapa que a su cargo tome.

Es mataloshablando[232] eternamente;
será el mundo al revés siempre que asome,
pues el amanecer vuelve Occidente[233].

[85]

Comentario: Como en el poema anterior, hay una presentación indirecta del tema: Quevedo finge un epitafio (o inscripción funeraria) escrito por la Muerte, quien es la encargada de ensartar las metáforas e hipérboles que definen al médico.

A UN MÉDICO

Yacen de un home en esta piedra dura
el cuerpo yermo y las cenizas frías.

---

[231] *Despabila:* metáfora por matar; significa también, «acabar con presteza alguna cosa: como despabilar la hacienda» *(D. A.)*.

[232] *mataloshablando:* invención léxica de Quevedo, a imitación de «mátalas-callando».

[233] Hipérbole que recoge la tensión de las antítesis anteriores, incidiendo en el tópico del «mundo al revés» (v. 13).

Médico fue, cuchillo de natura [234],
causa de todas las riquezas [235] mías.

Y agora cierro en honda sepultura
los miembros que rigió por largos días,
y aun con ser Muerte yo, no se la diera,
si dél para matarle no aprendiera.

[86]

Comentario: Las reflexiones de animales como medio de caracterizar y de describir los vicios y males de la sociedad es un tema corriente dentro de la literatura sa-tírica. El ejemplo más cercano a Quevedo es el *Coloquio de los perros*, novela ejemplar de Cervantes, donde Cipión y Berganza revisan la verdad y falsedad de las relaciones humanas. Aquí son tres mulas de médicos y una jaca de un barbero las que dialogan, contando la azarosa vida que han llevado bajo sus amos y lo que han visto en tal tiempo. Se constituyen, pues, cuatro puntos de vista en la narración, como forma de distribuir los numerosos juegos lingüísticos y procedimientos estilísticos.

CONVERSACIÓN DE LAS MULAS DE UNOS MÉDICOS CON LA HACA DE UN BARBERO

Romance

Tres mulas de tres doctores
y una haca de un barbero,

---

[234] *natura:* naturaleza.
[235] *riquezas:* metáfora por cadáveres.

en el portal de un podrido [236],
estaban contanto cuentos.

    Punta con cabeza [237] estaban,   5
muy juguetones de frenos,
muy callejeras de lenguas,
por el bocado [238] y los bezos [239].

    Habló primero de todas,
por lo largo [240] y por lo viejo,   10
una mula muy prudente,
si corita de celebro [241]:

    «Yo he sido mula de carro,
y más escrúpulo tengo
del recipe [242] y el ruibarbo [243]   15
que del voto y el reniego [244].

    »El oficio de mi amo,
por más que cura, recelo
que es oficio de difuntos
y que está fuera del rezo.   20

---

[236] *podrido:* enfermo; se aplicaba a los sifilíticos.

[237] *Punta con cabeza:* imitación de frases como «codo con codo», con dos términos ganaderos: «punta» es pequeña porción de ganado *(D.A.)* y se refiere a las mulas; «cabeza» es metonimia de «un animal o ganado de cualquier especie» *(D.A.)*.

[238] *bocado:* parte del freno que entra en la boca de la caballería.

[239] *bezos:* «labio grueso y que sale mucho hacia fuera, como de ordinario le tienen los negros» *(D.A.)*.

[240] *Habló (…)/por lo largo:* habló extensamente.

[241] *si corita de celebro:* aunque desnuda o vacía de inteligencia.

[242] *recipe:* receta.

[243] *ruibarbo:* planta medicinal usada como purgante.

[244] *voto [y] reniego:* juramento [y] maldición.

»Ando toda despeada [245];
un mes ha que no me hierro:
que solo yerra sus curas
el licenciado Venenos.
  »Ayer le dijo un cristiano: 25
"Sospecho que no estoy bueno";
y luego llovió sangrías
sobre el cuitado Sospecho.
  »Recatado [246] y temeroso
pasa por los cementerios; 30
y agora una calavera
se la juró [247] con un güeso».
  Otra mula, bisabuela,
a quien hubo, según pienso,
en la burra de Balán [248] 35
el Caballo de los griegos [249],
   pensativa y despensada [250],
como mula del desierto,
mortificada de panza,
dijo, enojada y gruñendo: 40

---

[245] *despeada:* maltratada en los pies.
[246] *Recatado:* encubierto.
[247] *se la juró:* le amenazó.
[248] *burra de Balán:* o de Balaam: profeta bíblico que desobedeció una orden de Dios de no ir a un lugar; montado en su burra, esta se negó a caminar; fueron tantos los azotes que contra ella descargó, que la burra rompió a hablar profiriendo quejas contra su amo. Este relato se acuña como frase popular: de un indiscreto se dice que romperá a hablar como la burra de Balaam.
[249] *Caballo de los griegos:* Caballo de madera con que se conquistó Troya; como la anterior imagen, es otra alusión a la vejez de la mula.
[250] *despensada:* sin pienso.

«De retorno de una noria
me vine, en los puros cueros,
para el doctor Matatías,
Matamadres, Matasuegros [251].

»Como con el diablo, tiene 45
con el boticario hecho
pacto explícito de purgas,
y le llaman Vaderretro [252].

»Hasta que pasen, se para
cuando topa los entierros, 50
pues mientras van los que envía,
él se procura estar quedo.

»En tiempo de los pepinos [253],
en la plaza carga de ellos,
por inducir las tercianas 55
a poder de mal ejemplo.

»Cuando la caza [254] que cría
le merienda todo el cuerpo,
con sus recetas espulga
la camisa y los gregüescos [255]. 60

»Hace gastar los jarabes
a los dolientes del pueblo;
mas él receta a su panza
las píldoras del bodego».

---

[251] Invenciones léxicas a imitación de «matasanos».

[252] *Vaderretro:* expresión latina que significa «apártate».

[253] *pepinos:* se creía que eran dañinos para la salud y que causaban las «tercianas» o fiebres intermitentes que se repiten cada tres días.

[254] *caza:* alusión a los piojos, nacidos de liendres o huevecitos de insectos.

[255] *gregüescos:* calzones.

Otra mula, medio calva,   65
con un moño de pellejos,
dijo, mirando a las otras,
mal inclinado el pescuezo:
   «Al doctor Caramanchel [256]
ha que sirvo dos eneros: 70
matasiete [257], si los cura;
si los cura, mata ciento.
   »Discípulo de un mosquete [258]
que le leyó los Galenos [259];
salga de donde saliere,   75
triunfo matador de cuerpos.
   »Antes que yo le sirviera,
andaba [260] por esos puertos
con un tercio de sardinas,
y era más honrada un tercio.   80
   »"¿Piensas que llevas banastas [261]?"
(me dice cuando le asierro [262]);
si le oyeran las banastas
le confundieran [263] a retos [264].

---

[256] *Caramanchel:* imitación de «caramanchón» o «camaranchón»: desván donde se guardan los trastos viejos.

[257] *matasiete:* espadachín, fanfarrón.

[258] *mosquete:* escopeta grande que debía dispararse apoyada en una horquilla.

[259] *Galenos:* tratados de medicina.

[260] *andaba:* la mula habla de ella misma.

[261] *banastas:* cestas grandes.

[262] *asierro:* la mula tiene el lomo como una sierra que se clava en el médico.

[263] *confundieran:* avergonzaran.

[264] *a retos:* con provocaciones «meterse en banasta: se dice de aquel que sin motivo [...] se entremete en alguna cosa» *(D. A.).*

»Como no le llama nadie, 85
y se ve tan solo y yermo,
por no dejar de curar,
cura madejas y lienzos [265].
　»En los zaguanes [266] de grandes
se apea muy reverendo [267], 90
porque piensen que visita
en donde orina con miedo.
　»Porque en su barrio le estimen,
hace que su mozo mesmo
le llame a gritos de noche 95
para marqueses diversos».
　La haca, que desabrida [268]
escuchó tales sucesos,
estaba dando puñetes [269]
a los guijarros del suelo. 100
　Era, la triste, castaña
en el tamaño y el pelo,
apilada [270] y opilada [271]
por la falta del sustento.
　Por el respeto que debe 105
a la recua de los muertos [272],

---

[265] *lienzos:* pañuelos.

[266] *zaguanes:* «sitio cubierto dentro de la casa inmediato al um-bral de la puerta principal, que se sirve de entrada en ella» *(D. A.).*

[267] *reverendo:* respetuoso.

[268] *desabrida:* de brusco carácter.

[269] *puñetes:* puñadas o golpes con el puño.

[270] *apilada:* «se llaman las castañas (v. 101) cuando están secas y arrugadas» *(D. A.).*

[271] *opilada:* con obstrucción en las vías por donde circulan los humores.

[272] Se refiere a las tres mulas.

atisbaba muy indigna
el muladar parlamento.
 «De un sacamuelas (les dijo)
al amo vine que hoy tengo; 110
y el pan para San Francisco
me codició por sardesco [273].
 »De ventosas y sangrías
tanto me enjugo y me seco,
que ayer me entré en un estuche [274] 115
y anduve danzando dentro.
 »Él estudia en pasacalles [275]
lo que ejecuta en los miembros,
y en guitarra, y no en cebada,
me paga mis alimentos. 120
 »El hombre es que más se huelga
con un testuz en el pueblo,
y al desesterar [276] la cara
le hace más arrumuecos [277]».
 En esto, el martirologio [278] 125
de la salud del enfermo
bajaba por la escalera,
zurriando [279] daca [280] y textos.

---

[273] *sardesco:* asno pequeño.

[274] *estuche:* de cirugía.

[275] *pasacalles:* «cierto tañido en la guitarra y otros instrumentos» *(D. A.).*

[276] *desesterar:* «metafóricamente [...] quitarse la barba» *(D. A.).*

[277] *arrumueco:* como «arrumaco», caricia afectada.

[278] *martirologio de la salud del enfermo:* metáfora por médicos, ya que martirizan a los pacientes.

[279] *zurriando:* hablando desentonadamente.

[280] *daca:* «lo mismo que de acá o dame acá» *(D. A.).*

> Debajo de los sayones
> zampaban el estipendio[281], 130
> diciendo: «Guarden la orina,
> y nosotros el argento[282]».
>
> Con notables garambainas[283]
> se subieron en sus perros,
> y en jerigonza[284] de vidas, 135
> salieron hablando recio.
>
> La haca, como fregona
> de los tres quebrantagüesos,
> «¡Muerte va!», como «¡Agua va!»[285],
> a gritos iba diciendo. 140

9.8. De pobreza y riqueza

[87]

Comentario: La letrilla es una composición similar al villancico, con estribillo más breve y de tema satírico. Quevedo aprovechaba la estructura formal de las letrillas para organizar la realidad criticada en segmentos paralelos de presentación textual, que solían desarrollar, cada uno de ellos, ideas opuestas: *a)* vv. 1-7: la pobreza; *b)* vv. 8-14: el dinero, etc. La anáfora interrogativa (repetición

---

[281] *estipendio:* sueldo, paga.

[282] *argento:* dinero.

[283] *garambainas:* «adorno demasiado y superfluo en los vestidos» *(D.A.).*

[284] *jerigonza:* lenguaje incomprensible.

[285] *«¡Agua va!»:* grito de aviso que se daba desde la ventana al arrojar a la calle las aguas sucias de la casa.

de «¿Quién...?» en el comienzo de los versos) refuerza este paralelismo. La letrilla es, por tanto, un mosaico de simetrías con el que Quevedo expondrá sus temas tópicos de denuncia social.

LETRILLA SATIRÍCA

Pues amarga la verdad,
quiero echarla de la boca;
y si al alma su hiel toca,
esconderla es necedad.
Sépase, pues libertad 5
ha engendrado en mi pereza
la pobreza [286].

¿Quién hace al tuerto galán
y prudente al sin consejo [287]?
¿Quién al aváriento viejo 10
le sirve de río Jordán [288]?
¿Quién hace de piedras pan,
sin ser el Dios verdadero?
El dinero.

¿Quién con su fiereza espanta 15
el cetro y corona al rey?
¿Quién, careciendo de ley,
merece nombre de santa?

---

[286] «La pobreza ha engendrado libertad en mi pereza (para confesar la verdad)».

[287] *sin consejo:* sin juicio ni sentido común.

[288] *río Jordán:* se creía que los baños en sus aguas rejuvenecían; por ello, es metáfora por dinero: este rejuvenece al «avariento viejo».

¿Quién con la humildad levanta
a los cielos la cabeza [289]? 20
    La pobreza.

¿Quién los jueces con pasión,
sin ser ungüento [290], hace humanos,
pues untándolos las manos
los ablanda el corazón? 25
¿Quién gasta su opilación [291]
con oro y no con acero?
    El dinero.

¿Quién procura que se aleje
del suelo la gloria vana? 30
¿Quién, siendo toda cristiana,
tiene la cara de hereje [292]?
¿Quién hace que al hombre aqueje
el desprecio y la tristeza?
    La pobreza. 35

¿Quién la montaña derriba
al valle; la hermosa al feo?
¿Quién podrá [293] cuanto el deseo,
aunque imposible, conciba?
¿Y quién lo de abajo arriba [294] 40
vuelve en el mundo ligero?
    El dinero.

---

[289] Quevedo alude a las cualidades cristianas de la pobreza.

[290] *ungüento:* metáfora por dinero: con él se «untaban» las manos de los jueces para sobornarlos.

[291] *opilación:* para eliminar la obstrucción de las vías por las que circulaban los humores, se recomendaba beber agua ferruginosa.

[292] *cara de hereje:* cara triste.

[293] *¿Quién podrá...?:* Debe leerse «¿Quién podrá (hacer)...?».

[294] *lo de abajo arriba:* alusión al tópico del mundo al revés.

[88]

Comentario: La crítica al dinero como causante de todos los males sociales era ya normal en la Antigüedad grecolatina. En la Edad Media, Juan Ruiz desarrolla este tema en el «Enxienplo de la propiedat qu'el dinero ha» (*Libro de buen amor*, c. 490-514), texto muy similar a este de Quevedo: se demuestra el poder del dinero a través de la enumeración de personajes y oficios que son corrompidos o alterados por su influencia. De nuevo, Quevedo presenta el asunto central (la crítica a la sociedad) de una forma indirecta, mediante la definición de las características del dinero.

LETRILLA SATÍRICA

Madre [295], yo al oro me humillo;
él es mi amante y mi amado,
pues, de puro enamorado,
de contino [296] anda amarillo [297].
Que pues, doblón o sencillo [298], 5
hace todo cuanto quiero,
poderoso caballero
es don Dinero.

---

[295] *Madre:* Quevedo parodia la tradición literaria que, desde las jarchas, muestra a una joven quejándose a su «madre» de sus experiencias amorosas.

[296] *de contino:* continuamente.

[297] *amarillo:* se refiere al color del oro, pero también, en el código del amor cortés, este color indicaba la desesperación del amador.

[298] *doblón o sencillo:* juego de palabras con dos monedas: el «doblón» era de oro y tenía mucho valor, y el «sencillo» era «la moneda pequeña respecto de otra de más valor: como doblón sencillo» *(D. A.).*

Nace en las Indias [299] honrado,
donde el mundo le acompaña; 10
viene a morir en España
y es en Génova [300] enterrado.
Y pues quien le trae al lado
es hermoso, aunque sea fiero,
poderoso caballero 15
es don Dinero.

Es galán y es como un oro [301],
tiene quebrado el color [302],
persona de gran valor [303],
tan cristiano como moro. 20
Pues que da y quita el decoro
y quebranta cualquier fuero [304],
poderoso caballero
es don Dinero.

Son sus padres principales [305], 25
y es de nobles descendiente,
porque en las venas de Oriente
todas las sangres son reales [306].

---

[299] *las Indias:* alusión a las minas de oro y de plata del continente americano.

[300] *Génova:* los banqueros genoveses prestaron a los reyes de España grandes sumas de dinero.

[301] *como un oro:* «ponderación que explica la hermosura, aseo y limpieza de alguna persona o cosa» *(D. A.);* aquí es una redundancia: «(el oro) es como un oro».

[302] *quebrado el color:* porque ha perdido brillo el metal.

[303] *valor:* dilogía: *a)* fuerza física, y *b)* medida económica.

[304] *fuero:* ley.

[305] *principales:* de alta condición.

[306] *reales:* dilogía: *a)* condición de lo regio, y *b)* moneda de plata.

Y pues es quien hace iguales
al duque y al ganadero,   30
poderoso caballero
es don Dinero.

Mas ¿a quién no maravilla
ver en su gloria, sin tasa,
que es lo menos de su casa   35
doña Blanca de Castilla [307]?
Pero pues da al bajo silla
y al cobarde hace guerrero,
poderoso caballero
es don Dinero.   40

Sus escudos de armas nobles [308]
son siempre tan principales,
que sin sus escudos reales [309]
no hay escudos de armas dobles [310].
Y pues a los mismos robles [311]   45
da codicia su minero,
poderoso caballero
es don Dinero.

---

[307] *doña Blanca de Castilla:* la «blanca» era una moneda de poco valor, idea opuesta al personaje aludido (princesa castellana casada con Luis VIII de Francia).

[308] Se refiere a los escudos nobiliarios.

[309] Dilogía: *a)* escudo de armas del rey, y *b)* moneda.

[310] Los escudos de armas de los reyes mostraban dobles figuras (el águila, por ejemplo); también alude a las monedas: los escudos dobles equivalían a un doblón.

[311] *robles:* metáfora por navío; alude a las embarcaciones que traían a España los minerales (v. 46) preciosos.

    Por importar en los tratos
y dar tan buenos consejos, 50
en las casas de los viejos
gatos[312] le guardan de gatos[313].
Y pues él rompe recatos
y ablanda al juez más severo,
poderoso caballero 55
es don Dinero.

    Y es tanta su majestad
(aunque son sus duelos hartos),
que con haberle hecho cuartos[314],
no pierde su autoridad. 60
Pero pues da calidad
al noble y al pordiosero,
poderoso caballero
es don Dinero.

    Nunca vi damas ingratas 65
a su gusto y afición,
que a las caras[315] de un doblón
hacen sus caras baratas.
Y pues las hace bravatas
desde una bolsa de cuero, 70
poderoso caballero
es don Dinero.

---

[312] *gatos:* bolsas de piel de este animal para guardar el dinero.

[313] *gatos:* ladrones.

[314] *haberle hecho cuartos:* «hacer cuartos» es trocear al animal —o a un reo ejecutado— en cuatro partes; «cuarto» es moneda de cobre de poco valor.

[315] *las caras:* se refiere a las dos caras de la moneda y a las efigies que figuran en ellas.

Más valen en cualquier tierra
(mirad si es harto sagaz)
sus escudos en la paz 75
que rodelas[316] en la guerra.
Y pues al pobre le entierra
y hace propio al forastero,
poderoso caballero
es don Dinero. 80

[89]

Comentario: Como el poema 104, este soneto desarrolla el tópico de «menosprecio de corte y alabanza de al-dea»: vale más la vida humilde, serena y tranquila de los pobres, que no la vida bulliciosa, desordenada y cu-bierta de ornato de los ricos. Fue esta reflexión constante en los autores de los Siglos de Oro; Fray Luis de León la formula en su *Oda a la vida retirada:* «A mí una pobrecilla/mesa, de amable paz bien abastada,/me baste…»; también, en 1581, Góngora la desarrolla en su letrilla «Ándeme yo caliente/y ríase la gente». En boca del «gracioso» de la comedia nacional del siglo XVII aparecerá en innumerables ocasiones. Obsérvese, en este poema, el juego fonético de las rimas: la última sílaba, «-pa», es la misma en todas.

---

[316] *rodela:* escudo redondo y delgado.

PREFIERE LA HARTURA Y SOSIEGO MENDIGO A LA INQUIETUD MAGNÍFICA DE LOS PODEROSOS

Soneto

Mejor me sabe en un cantón[317] la sopa,
y el tinto con la mosca[318] y la zurrapa[319],
que al rico, que se engulle todo el mapa,
muchos años de vino en ancha copa.

Bendita fue de Dios la poca ropa, 5
que no carga los hombros y los tapa;
más quiero menos sastre que más capa:
que hay ladrones de seda, no de estopa[320].

Llenar, no enriquecer, quiero la tripa;
lo caro trueco[321] a lo que bien me sepa;
somos Píramo y Tisbe[322], yo y mi pipa[323].

Más descansa quien mira que quien trepa;
regüeldo[324] yo cuando el dichoso hipa:
él asido a Fortuna, yo a la cepa.

---

[317] *cantón:* esquina (puede ser de una calle o de una casa).

[318] *la mosca:* sobre la relación «vino-mosquitos», véanse los poemas 77 y 78.

[319] *zurrapa:* «brizna o pelillo que se halla en los licores» *(D.A.).*

[320] *estopa:* tela gruesa de mala calidad.

[321] *trueco:* cambio.

[322] *Píramo y Tisbe:* amantes de Babilonia; debían verse siempre en secreto; fueron convertidos en moral: símbolo de la unión perfecta.

[323] *pipa:* tonel o cuba de vino.

[324] *regüeldo:* eructo.

[90]

Comentario: Nueva variación del tema anterior, sobresale este soneto por la perfecta aliteración (repetición de «ches») conducida desde el primer verso hasta el último, a través de las rimas (todas acaban en «-cho»).

FELICIDAD BARATA Y ARTIFICIOSA DEL POBRE

Soneto

Con testa [325] gacha [326] toda charla escucho;
dejo la chanza [327] y sigo mi provecho;
para vivir, escóndome y acecho,
y visto de paloma [328] lo avechucho [329].

Para tener, doy poco y pido mucho; 5
si tengo pleito, arrímome al cohecho [330];
ni sorbo angosto ni me calzo estrecho:
y cátame que soy hombre machucho [331].

---

[325] *testa:* frente.
[326] *gacha:* inclinada.
[327] *chanza:* burla.
[328] *paloma:* «metafóricamente llaman a la persona de genio apacible y quieto» *(D.A.).*
[329] *avechucho:* «metafóricamente [...] el que es feo, ridículo y mal parecido» *(D.A.).*
[330] *cohecho:* soborno que se da al juez.
[331] *machucho:* «maduro, sosegado y juicioso» *(D.A.).*

Niego el antaño[332], píntome el mostacho;
pago a Silvia el pecado, no el capricho; 10
prometo y niego: y cátame muchacho.

Vivo pajizo[333], no visito nicho[334];
en lo que ahorro está mi buen despacho[335]:
y cátame dichoso, hecho y dicho.

9.9. De dueñas, hermosas feas y damas pedigüeñas

[91]

Comentario: «Dueña» equivalía a «señora» de edad mayor, por lo general viuda y de alta condición. Quevedo, movido por su misoginia, vuelca en estos seres todo su odio hacia lo femenino; para él, «dueña» es una mujer muy peligrosa, puesto que ha vivido mucho y sabe utilizar su mala experiencia en engaños y abusos. Dos pecados no perdona Quevedo a este género de mujeres: su promiscuidad sexual (en el *Sueño del Infierno* les llama «sabandijas... perniabiertas») y sus funciones celestinescas, encaminadas a conseguir galanes ricos para sus protegidas y a ahuyentarles a los pobres.

---

[332] *antaño:* tiempo que se ha vivido.

[333] *pajizo:* lo que está hecho de pajas, alusión a la choza.

[334] *nicho:* «metafóricamente significa el paraje, sitio o empleo en que se juzga debe ser colocado alguno por su mérito» *(D.A.).*

[335] *despacho:* gobierno.

EPITAFIO DE UNA DUEÑA,
QUE IDEA [336] TAMBIÉN PUEDE SER DE TODAS

Soneto

Fue más larga [337] que paga de tramposo;
más gorda que mentira de indïano [338];
más sucia que pastel [339] en el verano;
más necia y presumida que un dichoso;

más amiga de pícaros que el coso [340];   5
más engañosa que el primer manzano [341];
más que un coche [342] alcahueta; por lo anciano,
más pronosticadora que un potroso [343];

más charló [344] que una azuda [345] y una aceña [346],
y tuvo más enredos que una araña;   10
más humos [347] que seis mil hornos de leña.

---

[336] *idea:* imagina.

[337] *larga:* dilatada, continua.

[338] *indiano:* los que volvían de las Indias; solían relatar sucesos inverosímiles.

[339] *pastel:* véanse poemas 72 y 81.

[340] *coso:* plaza de toros.

[341] *primer manzano:* alusión al Árbol del Bien y del Mal y a la manzana con que Eva engañó a Adán.

[342] *coche:* carro cubierto; símbolo de lujo, era utilizado por alcahuetas y celestinas para convenir y posibilitar los tratos amorosos.

[343] *potroso:* el que padece «potra» o hernia; los potrosos solían, por sus dolores, «pronosticar» los cambios de tiempo.

[344] *charló:* charlatana.

[345] *azuda:* noria, «máquina [...] que sirve para sacar el agua de los ríos» *(D.A.).*

[346] *aceña:* molino harinero movido por las aguas del río.

[347] *humos:* vanidades.

De mula de alquiler[348] sirvió en España,
que fue buen noviciado[349] para dueña:
y muerta pide, y enterrada engaña.

[92]

Comentario: Quevedo, en este soneto, parodia todas las imágenes de idealización amorosa que solían usarse como tópicos en los poemas de admiración o de celebración de la hermosura de las damas. Las metáforas situadas en los versos impares («sol», «luz», «aurora», «rubí») van siendo desmentidas por la cruda realidad de los versos pares. Los tercetos, a su vez, muestran la ruindad de estas damas, que se vendían al mejor postor.

RIESGO DE CELEBRAR LA HERMOSURA DE LAS TONTAS

Soneto

Sol os llamó mi lengua pecadora,
y desmintiome a boca llena el cielo;
luz os dije que dábades al suelo,
y opúsose un candil, que alumbra y llora.

Tan creído tuvistes ser Aurora, 5
que amanecer quisistes con desvelo;

---
[348] *mula de alquiler:* eran famosas por su mal servicio.
[349] *noviciado:* preparación para la profesión.

en vos llamé rubí lo que mi abuelo
llamara labio y jeta [350] comedora.

Codicia os puse de vender los dientes,
diciendo que eran perlas; por ser bellos,   10
llamé los rizos minas de oro ardientes.

Pero si fueran oro los cabellos,
calvo su casco [351] fuera y, diligentes,
mis dedos los pelaran por vendellos.

[93]

Comentario: Quevedo criticó, con dureza, la falsedad e hipocresía que se derivaban de los «afeites» o maquillajes usados por las damas. Para él, eran pura apariencia, burla de la verdadera realidad, que, como en este soneto (v. 13), no debía disimularse. En *El mundo por de dentro*, el Desengaño resume así este tema: «sábete que las mujeres lo primero que se visten, en despertándose, es una cara, una garganta y unas manos, y luego las sayas».

HERMOSA AFEITADA DE DEMONIO

Soneto

Si vieras que con yeso blanqueaban
las albas azucenas; y a las rosas
vieras que, por hacerlas más hermosas,
con asquerosos pringues [352] las untaban;

---

[350] *jeta:* hocico, morro.
[351] *casco:* parte superior de la cabeza.
[352] *pringue:* grasa que sale del tocino cocinado.

si vieras que al clavel le embadurnaban   5
con almagre[353] y mixturas[354] venenosas,
diligencias[355], sin duda, tan ociosas,
a indignación, dijeras, te obligaban[356].

   Pues lo que tú, mirándolo, dijeras,
quiero, Belisa, que te digas cuando   10
jalbegas[357] en tu rostro las esferas[358].

   Tu mayo[359] es bote[360], ingüentes[361] chorreando;
y en esa tez, que brota primaveras,
al sol estás y al cielo estercolando.

[94]

Comentario: Quevedo alude a la costumbre femenina de comer trocitos de jarrones o de búcaros («barro»), como medio de limpiar la piel y de curar las opilaciones. Para criticar esta moda, Quevedo encarece la hermosura

---

[353] *almagre:* «tierra colorada […] que sirve para teñir» *(D. A.)*.

[354] *mixturas:* mezclas.

[355] *diligencias:* necesidades; son «ociosas» porque no haría falta aplicarlas.

[356] *a indignación […] te obligaban:* te enfadaban, te indignaban.

[357] *jalbegas:* de «enjalbegar» o blanquear con yeso (v. 1); «jalbegar: vale también afeitar o aderezar con exceso el rostro» *(D. A.)*.

[358] *esferas:* alusión a las esferas concéntricas (diez; once para Quevedo, pues contaba la Tierra) en que se creía dividido el Universo; es metáfora por signos de la belleza femenina, centrada sobre todo en los ojos.

[359] *mayo:* metáfora por juventud.

[360] *bote:* vaso de barro donde se guardaban los afeites o maquillajes.

[361] *ingüentes:* ungüentos.

de una joven con imágenes idealistas (vv. 1-2; vv. 12-14; vv. 26-27), a fin de mostrar que no se precisa seguir tal práctica; los consejos utilizan referencias religiosas (vv. 16-19), frases populares (vv. 7-8), pensamientos morales (como el de que «comer barro» es «comer su sepultura», v. 9; tan similar al de los poemas 33, 34 y 35) y expresiones de doble sentido (v. 7 y v. 29).

A UNA MOZA HERMOSA, QUE COMÍA BARRO [362]

Madrigal

Tú sola, Cloris mía,
que, si miras sin velo,
la vida puedes alargar al día,
has podido juntar la tierra al cielo [363];
pero a riesgos te pones   5
en ser cielo goloso de terrones [364].
Mira que en quien de barros [365] está llena,
es calle de Getafe [366] cada vena.
Empiécese a comer su sepultura,
en barros disfrazada,   10
mujer manida [367] y güera [368] y arrugada;

---

[362] *barro:* jarrón (véase el «Comentario»).

[363] *cielo:* metáfora por dama.

[364] *terrones:* pedazos de tierra, aplastados y duros.

[365] *barros:* dilogía: *a)* alusión a los jarrones, y *b)* espinillas o granos de la cara.

[366] *Getafe:* localidad próxima a Madrid; el estado de sus calles era deplorable en el siglo XVII.

[367] *manida:* vieja, gastada.

[368] *güera:* «huera»: vacía, inútil.

y en tu niñez lozana, en tu hermosura,
no profanen con barro a tus rubíes [369]
las perlas [370] con que mascas, con que ríes.
Que tu gusto no entierres, hoy mi aviso   15
te advierte, Cloris bella; porque siendo
en carne soberano paraíso,
cuando con barro la salud estragas [371],
no el Paraíso Terrenal te hagas.

   Barro es cuanto en mis versos te prohíbo,   20
mas no es barro enterrar tu cuerpo vivo.
Confieso que de verte, pena tomo,
roer con perlas el *memento homo* [372].
Y si en tu pulideza [373] no es desgarro,
muérdeme a mí, pues soy también de barro.   25
Son tus mejillas, Clori, primavera:
tú de flores socorres la ribera;
ten flores, pues tu rostro es mayo eterno:
tenga barros [374] el rostro que es hibierno.

[95]

Comentario: Quevedo compuso, también, obras dramáticas: una comedia, *Cómo ha de ser el privado*, y

---

[369] *rubíes:* metáfora por labios.
[370] *perlas:* metáfora por dientes.
[371] *estragas:* destruyas.
[372] «*memento homo*»: aquí, metáfora por barro o tierra, que es, a su vez, imagen y recuerdo del polvo en que ha de convertirse el hombre; son palabras que el sacerdote dirige a los fieles los Miércoles de Ceniza en la imposición de este signo.
[373] *pulideza:* delicadeza.
[374] *barros:* espinillas.

varios entremeses. No logró convincentes caracterizaciones ni profundos análisis de ideas, pero sí hilvanó brillantes diálogos, en donde los juegos de palabras y los continuos cambios de sentido iban moldeando las acciones. Recuérdese que Quevedo concibe muchos poemas como monólogos (incluso consigo mismo) para mostrar su atormentado interior. Este soneto parodia los idealizados diálogos amorosos de las obras dramáticas al estilo de Lope de Vega: aquí, el galán intenta cortejar a la dama, respondiendo esta con frases ambiguas que evidencian su interés económico.

DIÁLOGO DE GALÁN Y DAMA DESDEÑOSA

Soneto

GALÁN: Hace tu rostro herejes [375] mis despojos [376].
DAMA: No es mi rostro Calvino ni Lutero [377].
GALÁN: Tus ojos matan todo el mundo entero.
DAMA: Eso es llamar doctores [378] a mis ojos.

GALÁN: Cruel, ¿por qué me das tantos enojos? 5
DAMA: ¿Requiebras al verdugo, majadero?

---

[375] *Hace tu rostro herejes:* alusión a la frase hecha «la necesidad tiene cara de hereje».

[376] *despojos:* «ruina violenta que padece alguno» *(D.A.);* el galán se presenta como «despojos» de sí mismo.

[377] *Calvino ni Lutero:* ideólogos religiosos del siglo XVI, propulsaron dos direcciones de la Reforma protestante.

[378] *doctores:* recuérdese la mala fama que tenían los médicos de matar a sus pacientes (llegó a escribir Quevedo: «Los médicos con que miras,/los dos ojos con que matas»).

GALÁN: ¿Qué quieres más de un hombre?
DAMA: Más dinero,
y el oro en bolsa y no en cabellos rojos[379].

GALÁN: Toma mi alma.
DAMA: ¿Soy yo la otra vida?
GALÁN: Tu vista hiere.
DAMA: ¿Es vista puntiaguda?   10
GALÁN: Róbame el pecho.
DAMA: Más valdrá[380] una tienda.

GALÁN: ¿Por qué conmigo siempre fuiste cruda[381]?
DAMA: Porque no me está bien el ser cocida[382].
GALÁN: Muérome, pues.
DAMA: Pues mándame tu hacienda.

[96]

Comentario: Los calendarios tenían la función de distribuir los años por meses y días, para dar noticia de las fiestas y ritos eclesiásticos y, también, de las ferias o fiestas populares. Quevedo inventa, así, su peculiar calendario, ya que las fiestas de las que él da aviso son para que de ellas se guarden los galanes, porque si no se verán en el compromiso de regalar e invitar a sus enamoradas. De

---

[379] *cabellos rojos:* alusión a Judas y al dinero recibido por vender a Cristo; la tradición lo describe como pelirrojo; símbolo de los traidores por ello, tal galán es rechazado por la dama.

[380] *valdrá:* se sobrentiende «más valdrá robar...».

[381] *cruda:* dilogía: *a)* sin cocinar, y *b)* cruel; el galán lo dice en este segundo sentido y la dama finge entenderlo en el primero.

[382] *cocida:* «metafóricamente se suele llamar así a la persona versada, experimentada y hábil en alguna cosa» *(D. A.).*

hecho, todo el romance es una crítica contra las damas pedigüeñas, solo pendientes del interés y del beneficio económico que les podían reportar sus amoríos. Fue tema común del Barroco: en 1608 Juan de Luque compuso su *Divina poesía y varios conceptos a las fiestas principales del año, que se ponen por sus calendarios con los santos varones…;* también, Juan de Zabaleta, en *El día de fiesta por la mañana y por la tarde* (1654-1660), avisa sobre los «peligros económicos» de ciertas festividades.

CALENDARIO NUEVO DEL AÑO Y FIESTAS QUE SE GUARDAN EN MADRID

Romance

¿Quién me compra [383], caballeros,
que es obra famosa y nueva,
un calendario del año
que tienen las faltriqueras [384]?
  Aquí verán, para el «Toma» [385],   5
los días que son de fiesta,
menguantes y conjunciones
del dinero [386] y alcagüetas [387].

---

[383] *compra:* estos calendarios o almanaques, en forma de pliegos, eran vendidos en las plazas y mercados públicos.

[384] *faltriqueras:* bolsas que se ataban con una cinta a la cintura, en las que se solía llevar el dinero; el sentido es: «las faltriqueras tienen su calendario», porque en las fiestas se va a gastar el dinero que guardan.

[385] *«Toma»:* verbo que caracterizará al galán.

[386] *menguantes […] / del dinero:* son fiestas en que va a menguar o disminuir el dinero.

[387] *conjunciones [de]/alcagüetas:* «conjunción» en Astronomía es la reunión de dos o más astros; aquí se refiere a las alcahuetas, que han de ser pagadas por los galanes que contrataban sus servicios.

Enero, con año nuevo,
toda la demanda empieza: 10
allí se forjan los Dacas [388]
y se fabrican los Prestas [389].

Los tres Reyes, este mes,
entre Herodes y las viejas [390],
llevan a riesgo las vidas, 15
traen a peligro la ofrenda.

Febrero, que en los orates [391]
del tiempo merece celda,
deja de ser loco un día,
y de bellaco se precia. 20

Las gargantas de San Blas [392],
con almuerzos y meriendas,
son garrotillo [393] del pobre,
que lo paga y no lo prueba.

Marzo, para las mujeres, 25
como un angelito empieza,

---

[388] *Dacas:* voz empleada «para pedir cuanto se nos ofrece» *(D. A.).*

[389] *Prestas:* voz inventada por Quevedo, opuesta a «Dacas»; significa que los galanes deberían solicitar prestadas diversas cantidades de dinero para atender a las peticiones de sus damas.

[390] *viejas:* alusión a las alcahuetas.

[391] *orates:* además de locos, podía designar los manicomios.

[392] *San Blas:* médico, obispo y mártir del siglo IV; fueron famosos los milagros de sus curaciones; patrono, por ello, de las enfermedades de la garganta; su fiesta se celebra el 3 de febrero con procesiones y romerías en diversos pueblos de España.

[393] *garrotillo:* «enfermedad de la garganta por la hinchazón de las fauces» *(D. A.).*

    y aunque es Ángel de la Guarda [394],
no admiten lo que profesa [395].
    Abril, juventud del año,
que el bozo [396] en sus flores muestra,   30
ropero donde los mayos [397]
hallan cosida librea [398],
    a puras rosas y flores
no hay demonio que ansí huela:
los Pidos [399] enherbolados [400]   35
matan el caudal con yerba [401].
    Bolsas mueren de andadura [402],
por madrugar a las selvas;
al acero dan las idas [403],
toman el oro a las vueltas.   40

---

[394] *Ángel de la Guarda:* su fiesta se celebra el 1 de marzo.

[395] *lo que profesa:* lo que enseña, es decir, «a guardar»: las damas no consienten que sus galanes guarden el dinero.

[396] *bozo:* «primer vello que apunta a los jóvenes sobre el labio superior» *(D. A.).*

[397] *mayos:* «árboles altos adornados de cintas, frutas y otras cosas, que se ponen en un lugar público de alguna ciudad o villa, adonde en todo el mes de mayo concurren los mozos y mozas a holgarse y divertirse con bailes» *(D. A.).*

[398] *librea:* vestuario noble.

[399] *los Pidos:* sustantivación de la forma verbal, que parodia la costumbre pedigüeña de las damas.

[400] *enherbolados:* envenenados.

[401] *yerba:* veneno.

[402] *andadura:* «paso largo y apresurado del caballo o mula cuando camina» *(D. A.).*

[403] Alude a la costumbre de tomar «acero» (o agua ferruginosa) como modo de curar las opilaciones.

Mayo, que es el mes bonito,
maya [404] y aruña [405] las fiestas;
y el «Eche mano a la bolsa»
hace el dinero pendencia.

Gradüaste de manjar, 45
niña, con plato y con mesa;
hoy mayas [406], mañana cazas:
no hay zape [407] que no te venga.

Carda [408] en traje de escobilla [409]
en mi capa son sus cerdas [410]: 50
a ti te lo digo, mota [411];
óyelo tú, faltriquera.

Lo Verde de Santiago [412],
dulces y coches me cuesta;
para mí verde es el santo, 55
pero la salida negra.

---

[404] *maya:* maúlla.

[405] *aruña:* araña.

[406] *mayas:* dilogía: *a)* maúllas, y *b)* las «mayas» eran jóvenes vestidas de novias que en la fiesta de la Cruz de Mayo (el 2 de este mes) pedían dinero por las casas para celebrar luego fiestas.

[407] *zape:* voz usada para ahuyentar a los gatos, recuérdese que en germanía «gato» significa ladrón.

[408] *Carda:* tablas con púas de hierro para alisar la lana.

[409] *escobilla:* «limpiadera con que se limpian los vestidos» *(D.A.).*

[410] *cerdas:* en germanía, cuchillos.

[411] *mota:* «partícula de hilo o de otra cosa, que se pega a los vestidos» *(D.A.);* aquí metáfora por dama pedigüeña.

[412] Alusión a la festividad de Santiago el Verde, que se celebra el 1 de mayo; se acostumbraba a ir de excursión en coche al Sotillo o a la ribera del Manzanares; para reflejar este ambiente, Lope escribió su comedia *Santiago el Verde.*

Junio, con noche y mañana
de San Juan [413], bien nos la pega:
si se cena, allá en el Prado [414];
en el río, si se almuerza.   60
　　Julio, que parece bobo,
es el mes que, por las tiendas,
pide con mayor calor
y demanda con más fuerza.
　　Este traidor vende el río;   65
la que nada, mucho cuesta:
ellas en agua [415] se bañan
y enaguas también nos pescan.
　　Pedir cuarenta abanicos
por cosa de aire lo precian: 70
de aire son, pero de fuego
serán si a mí me los llevan.
　　Buen Agosto, buen Agosto [416],
pues que solo las enfermas,
y con uvas y melones   75
al que se los compra vengas;
　　tú, que a poder de tercianas [417],
las desmoñas, las destrenzas
y a la que vendió billetes [418]
haces que compre recetas;   80

---

[413] La Noche de San Juan (24 de junio) es una de las fiestas más populares: mezcla de religiosidad, folclore y ritos paganos.

[414] *Prado:* famoso paseo del Madrid del siglo XVII.

[415] *en agua:* calambur; los dos términos pueden leerse unidos como en el verso siguiente.

[416] Parodia del comienzo de muchos romances.

[417] *tercianas:* fiebres que se repetían cada tres días.

[418] *billetes:* pequeños papeles doblados con que la gente se comunicaba.

tú, que nos haces vïudos
(el Señor te lo agradezca),
y de mujer perdurable,
vas sotanando [419] la iglesia,
   hazte fuerte, Agosto mío: 85
no des lugar a que venga
Setiembre, y a mes tan malo
cierre el otoño la puerta.

   Encarcavina [420] su tufo,
cargado viene de ferias [421],   90
y el gran tropel de los Pidos
me confunde las orejas.

San Miguel [422], que guardes, ruego,
las balanzas con que pesas,
menos del diablo, que hurta,   95
que de las niñas que tientan.

   Octubre, que, mojigato [423],
se deshoja y se repela,
confín [424] de invierno y verano,
y umbral donde tienen treguas,   100
   también, por lo gatomoji [425],
nos aruña cuando llega,
ya proveyendo cantinas,
ya socorriendo despensas.

---

[419] *sotanando:* de «asotanar» o enterrar en los sótanos de la iglesia.

[420] *Encarcavina:* ahoga con mal olor.

[421] *ferias:* días de fiesta.

[422] *San Miguel:* su fiesta se celebra el 29 de septiembre.

[423] *mojigato:* lleno de temores.

[424] *confín:* límite entre dos territorios extensos.

[425] *gatomoji:* voz inventada por Quevedo; anagrama de «mojigato», que vuelve a incidir en el término «gato», sinónimo de ladrón.

No es lo peor de Noviembre 105
los sabañones y grietas:
que más escuece una marta [426]
y más me come una felpa [427].

Como a colegio mayor,
le piden a un hombre beca [428], 110
y en el brasero de erraj [429]
desde su casa se quema.

Diciembre, con Navidad,
todas las pascuas refresca,
y entre turrón y aguinaldos, 115
cualquier dinero se abrevia.

Fiestas hay que por el año
a su gusto se pasean,
caminando por los meses
al paso de la Cuaresma [430]. 120

A ti, Jueves de Comadres [431],
¡qué paulina [432] se te llega!
No hay amiga que no masque,
no hay criada que no muerda.

---

[426] *marta:* la piel de animal, muy valiosa.

[427] *felpa:* tejido de seda.

[428] *beca:* dilogía *a)* «plaza que goza el que entra a ser colegial» *(D. A.)*, y *b)* vestidura de seda o paño que cubría del cuello a los pies.

[429] *erraj:* o «arraaj», carbón de huesos de aceitunas.

[430] Alusión a las fiestas móviles, fijadas en relación con la Semana Santa.

[431] *Jueves de Comadres:* el penúltimo día antes de Carnaval, «díjose así porque las vecinas y amigas se juntan este día a divertir y merendar» *(D. A.)*.

[432] *paulina:* «carta o edicto de excomunión» *(D. A.)*.

Tras quesadilla[433] y roscón, 125
el gallo en Carnestolendas[434]
hace, al revés de San Pedro,
llorar lo que no se niega[435].

Si yo me muero, me olvidan:
y si cumplo años, me cuelgan[436]; 130
si vengo, dicen qué traigo;
si voy, que lleve encomiendas.

Si he de vivir de estos años,
Dios me los quite de a cuestas;
pues la edad que tenga de ellos 135
será, aunque moza, muy vieja.

Yo no he vivido barato,
ni mes que bien me parezca,
sino los nueve en que el vientre
me fue posada y despensa. 140

[97]

Comentario: Quevedo, en alguna ocasión, planteaba la crítica a las damas pedigüeñas por medio de comparaciones insólitas, con las que logra tres efectos: *a)* generar una

---

[433] *quesadilla:* «pastel compuesto de queso y masa, que se hace regularmente por carnestolendas» *(D.A.).*

[434] *Carnestolendas:* «los tres días de carne que preceden al Miércoles de Ceniza» *(D.A.);* era costumbre, entre muchachos, nombrar rey de gallos, a quien se disfrazaba para organizar una procesión en la que los chicos pedían dinero.

[435] Alusión a las tres veces en que Pedro negó a Cristo antes de que el gallo cantara.

[436] *cuelgan:* regalan.

intriga que hacía aumentar el interés por la lectura (en este poema: ¿por qué las gallinas y las mujeres son iguales?); *b)* establecer una vía humorística en el desarrollo del tema, y *c)* satirizar cruelmente la realidad aludida («las mujeres»), a través del término comparativo elegido («las gallinas»).

LETRILLA SATÍRICA

Sabed, vecinas,
que mujeres y gallinas
todas ponemos:
unas cuernos y otras huevos.

Viénense a diferenciar 5
la gallina y la mujer,
en que ellas saben poner,
nosotras solo quitar [437];
y en lo que es cacarear [438],
el mismo tono [439] tenemos. 10
Todas ponemos:
unas cuernos y otras huevos.

Doscientas gallinas hallo
yo con un gallo contentas;
mas, si nuestros gallos cuentas, 15

---

[437] *quitar:* se refiere al dinero y a la honra del marido.

[438] *cacarear:* dilogía: *a)* voz de la gallina, y *b)* «hablar con gran ponderación, exagerando lo que se hace» *(D. A.).*

[439] *tono:* dilogía: *a)* número de vibraciones que caracterizan cada sonido, y *b)* «manera particular con que se hace alguna cosa o se quiere que se entienda» *(D. A.).*

> mil que den son nuestro gallo [440];
> y cuando llegan al fallo [441],
> en cuclillos [442] los volvemos.
> *Todas ponemos:*
> *unas cuernos y otras huevos.*   20
>
> En gallinas regaladas
> tener pepita [443] es gran daño,
> y en las mujeres de hogaño [444]
> lo es el ser despepitadas [445];
> las viejas son emplumadas [446]   25
> por darnos con que volemos.
> *Todas ponemos:*
> *unas cuernos y otras huevos.*

[98]

Comentario: Quevedo derrocha en esta letrilla su prodigiosa capacidad de invención léxica; estas construcciones lingüísticas le permiten proponer, con pocos términos, muy diversos significados, muchos de ellos ambiguos y

---

[440] La mujer, a diferencia de la gallina, no se contenta con un gallo, sino con mil que den regalos.

[441] *fallo:* se refiere al de casarse.

[442] *cuclillos:* metáfora por cornudos.

[443] *pepita:* «enfermedad que da a las gallinas en la lengua: [...] las enronquece y no las deja cacarear».

[444] *de hogaño:* de este año, del presente.

[445] *despepitadas:* arrojadas, lanzadas (se refiere al hablar).

[446] *emplumadas:* castigo que se aplicaba a brujas y alcahuetas; el verdugo las desnudaba, las untaba con miel y las cubría con pluma menuda.

solo comprendidos cuando se resuelven los juegos de palabras que los sotienen: por ejemplo, los verbos del estribillo («tomo» y «da») funcionan con un doble significado: *a)* acción de coger y tomar dinero: sentido que se vuelve antítesis en el nombre de la dama, y *b)* «tomar» y «dar» tenían, también, una clara significación sexual, lo que unido al primer valor semántico, determina que el poema sea una crítica a las mujeres pedigüeñas, que no dudaban en casi prostituirse con el fin de obtener dinero. «Mari*tomé*» es una invención léxica, basada en el nombre real «Mari*quita*», descompuesto por Quevedo para forzar el chiste y aludir a la realidad social satirizada.

LETRILLA SATÍRICA

Toda bolsa que me ve
tan honesta y tan bonita
me llama, no sé por qué,
cuando tomo [447], *Mariquita;*
cuando da [448], *Maritomé.* 5

En casa del florentín [449],
tienda donde se regala,
más le quiero martingala [450],
que no sin gala Martín.

---

[447] *tomo:* dilogía: *a)* cobrar dinero, y *b)* tener trato sexual.

[448] *da:* dilogía: *a)* recibir dinero, y *b)* ofrecer trato sexual.

[449] *florentín:* comerciante de Florencia.

[450] *martingala:* parte de la armadura que cubría las entrepiernas; alusión a la bolsa de dinero que lleva el galán.

Y si pido de improviso 10
la tela o el ormesí[451],
mejor me parece a mí
galapago[452] que Narciso[453].

Yo no quiero al genovés[454]
que con fama cumple ya; 15
pues más vale, si él no da,
sin fama, algún holandés[455].

Soy la bolsa precita[456]
que se viene por su pie,
al daca[457] de esta bendita[458], 20
cuando tomo, Mariquita;
cuando da, Maritomé.

---

[451] *ormesí:* tela de seda.

[452] *galapago:* «metafóricamente se llama al que es bellaco» *(D.A.).* Valórese el calambur: «gala/pago».

[453] *Narciso:* personaje mitológico; enamorado de sí mismo, vio su imagen en el agua, se precipitó hacia ella y murió ahogado; la dama de esta letrilla prefiere a un rufián con dinero que a un joven hermoso sin él.

[454] *genovés:* imagen del prestamista; en los siglos XVI y XVII, los banqueros genoveses prestaron grandes sumas de dinero a la corona española, lo que provocó una grave deuda externa que condujo a la bancarrota del Estado en 1607 y en 1627.

[455] *holandés:* a comienzos del siglo XVII los holandeses eran enemigos de España.

[456] *precita:* predestinada; esta referencia hay que situarla en el contexto de la discusión teológica sobre la verdad o falsedad de la predestinación, es decir, sobre el hecho de si el hombre, al nacer, venía ya a este mundo con su condenación o su salvación marcadas por el destino.

[457] *daca:* voz empleada para pedir «cuanto se nos ofrece» *(D.A.).*

[458] *bendita:* familiarmente significa «sencilla, de poco talento» *(D.A.);* aquí se emplea con ironía.

En casa de los joyeros,
entre medias y listones [459],
más los quiero Galalones [460],   25
que, en San Dionís, Oliveros [461].

Al Roldán [462] que prometió
pendencia, y no la basquiña [463],
el *Rol* perdono a la riña,
y el *dan* a la tienda no.   30

Hijuela de bendición
me llaman madres del arte [464],
y soy, por la mayor parte,
hijuela de partición [465].

La bolsa que se marchita   35
del viento que yo me sé,
me llama, triste y contrita [466],
cuando tomo, Mariquita;
cuando da, Maritomé.

---

[459] *listones:* cintas de seda.

[460] *Galalones:* Galalón o Ganelón fue el personaje que traicionó a Roldán en la batalla de Roncesvalles; su nombre quedó fijado como apelativo de traidor.

[461] *Oliveros:* compañero inseparable de Roldán; San Dionís o Saint Denis era una villa cercana a París.

[462] *Roldán:* sobrino de Carlomagno, murió traicionado en el paso de Roncesvalles; Quevedo, con estos tres personajes, parodia la materia carolingia que impregnó el romancero y los libros de caballerías.

[463] *basquiña:* «ropa o saya que traen las mujeres» *(D. A.).*

[464] *madres del arte:* alusión a las dueñas que ejercían de celestinas buscando galanes ricos a estas damas.

[465] *hijuela de partición:* documento en que se registran las divisiones de una herencia.

[466] *contrita:* apenada.

9.10. De temas mitológicos y épicos

[99]

Comentario: Este soneto es reverso del poema 58, donde Quevedo desarrolla el mito de Dafne y Apolo de una manera seria e idealizada. Ahora ofrece la otra cara: con una visión despiadada, transforma a los dioses en personajes de germanía, casi delincuentes. Esta desrealización de la mitología es una característica del naturalismo barroco, que manifiesta la imposibilidad del hombre de esta cultura por asumir códigos ideales de comportamiento. En la prosa, *La Hora de todos y la Fortuna con seso* es la mejor muestra de la parodia mitológica.

A DAFNE, HUYENDO DE APOLO

Soneto

«Tras vos, un alquimista[467] va corriendo[468],
Dafne, que llaman Sol[469], ¿y vos, tan cruda[470]?
Vos os volvéis murciélago sin duda,
pues vais del Sol y de la luz huyendo.

---

[467] *alquimista:* el que practica la alquimia o el arte de purificar y cambiar los metales; es metáfora por Apolo.

[468] *va corriendo:* recuérdese que Apolo persigue a Dafne y, cuando le da alcance, ella se convierte en laurel.

[469] *Sol:* Apolo era dios del Sol.

[470] *cruda:* dilogía: *a)* cruel amorosamente, y *b)* sin cocinar, lo que se opone a ser perseguida por el fuego del Sol.

>»Él os quiere gozar, a lo que entiendo,   5
si os coge en esta selva tosca y ruda:
su aljaba[471] suena, está su bolsa muda[472];
el perro, pues no ladra, está muriendo.

>»Buhonero[473] de signos[474] y planetas,
viene haciendo ademanes y figuras[475],   10
cargado de bochornos y cometas».

Esto la dije[476]; y en cortezas duras
de laurel se ingirió[477] contra sus tretas,
y, en escabeche[478], el Sol se quedó a oscuras.

[100]

Comentario: Góngora en 1589 parodió esta historia mitológica en el romance «Arrojose el mancebito/al charco de los atunes»; el poeta cordobés no es tan despiadado con los personajes como Quevedo, ya que los trata —sobre todo a Hero— con cierta ternura; a él le interesaba la situación narrativa y, por ello, apenas ofrece descripciones de los enamorados y de sus afectos; de hecho, el romance de Góngora es más breve (96 versos) que el de

---

[471] *aljaba:* caja donde se llevaban las flechas.
[472] *bolsa muda:* porque no quería darle dinero.
[473] *buhonero:* vendedor ambulante.
[474] *signos:* se refiere a las figuras de las estrellas y del Zodiaco.
[475] Dibuja a Apolo como un astrólogo charlatán.
[476] Al terminar Apolo su monólogo, se narra el final del mito.
[477] *se ingirió:* se injertó.
[478] *en escabeche:* dilogía: *a)* alusión a las hojas de laurel con que se aderezaba el escabeche, y *b)* el escabeche era también un tinte negro, que deja «a oscuras» al Sol.

Quevedo (184 versos), porque está construido con una distribución de intrigas de mayor dinamismo, que requiere un rápido final. Quevedo, en cambio, se ensañará cruelmente con los amantes y lanzará contra ellos su riquísimo arsenal lingüístico con la finalidad de convertirlos en ri-dículas marionetas de su voluntad satírica. Reléase el poema 57, donde ofrece la versión idealizada y lírica de este mito, sobre el que Quevedo aplicó el haz y el envés de su prodigiosa capacidad poética.

HERO Y LEANDRO EN PAÑOS MENORES [479]

Romance

Señor don Leandro,
vaya en hora mala;
que no puede en buena
quien tan mal se trata [480].
¿Qué imagina cuando   5
de bajel [481] se zarpa,
hecho por la Hero
aprendiz de rana?

---

[479] *paños menores:* «vestidura interior, que regularmente es la que sirve para estar en la cama después de desnudarse» *(D. A.);* Quevedo anuncia, así, su propósito de dejar a los personajes «en paños menores», desvestidos de su belleza mitológica.

[480] Quevedo acusa a Leandro de ser el culpable de su trágico final, por perderse en vanos amores.

[481] *bajel:* embarcación; metáfora por Leandro, convertido a sí mismo en navío.

¿Pescado se vuelve
el hijo de cabra [482],   10
para quien mondongo [483]
quiere más que escamas?
   Ya no hará en sorberse
el mar mucha hazaña
un amante huevo [484]   15
pasado por agua.
   Bracear, y a ello,
por ver la muchacha,
una perla toda,
que a menudo ensartan [485];   20
   moza de una venta [486]
que la Torre llaman
navegantes cuervos,
porque en ella paran [487].
   Chicota [488] muy limpia,   25
no de polvo y paja [489],

---

[482] *el hijo de cabra:* Quevedo mezcla frases hechas y refranes: «hijo del agua» significaba diestro nadador, sobre esta idea se alude al refrán despectivo «El hijo de la cabra siempre ha de ser cabrito», con el que se señalaba la imposibilidad de cambiar de condición.

[483] *mondongo:* «callos» o intestinos o panza del animal, atributos que a la «cabra» le son más propios que las «escamas» (v. 12).

[484] *amante huevo:* imagen ya usada por Góngora: «El Amor, como dos huevos,/quebrantó nuestras saludes;/él fue pasado por agua,/yo estrellada mi fin fue» (vv. 88-91).

[485] *ensartan:* metáfora por realización del acto sexual.

[486] *moza de una venta:* como la Maritornes del *Quijote*, las mozas de venta solían prostituirse con los viajeros.

[487] *paran:* dilogía: *a)* llegan, y *b)* realizan el acto sexual.

[488] *Chicota:* «pequeña, gruesa, fornida y bien hecha» *(D. A.).*

que hace camas bien,
y deshace camas.

　　Corita [490] en cogote
y gallega en ancas [491];　　　　　　　　　　30
gran mujer de pullas [492]
para los que pasan.

　　Piernas de ramplón [493],
fornida de panza,
las uñas con cejas　　　　　　　　　　　　35
de rascar la caspa.

　　Rolliza y muy rollo [494]
donde cuelgan bragas,
derribada de hombros,
pero más de espaldas [495].　　　　　　　　40

　　Que aunque del futuro [496]
con nombre la llaman
del buen *sum, es, fui*,
cumple sus palabras [497].

---

[489] Quevedo imita la construcción de «limpio de polvo y paja: lo que se da o cobra sin trabajo, carga ni embarazo alguno» *(D. A.);* es decir, que Hero cobraba su trabajo como prostituta.

[490] *Corita:* dilogía: *a)* nombre despectivo que se aplicaba a los vizcaínos y montañeses, y *b)* desnuda.

[491] *ancas:* metáfora despectiva por caderas.

[492] *pullas:* «dicho obsceno o sucio de que comúnmente usan los caminantes» *(D. A.).*

[493] *ramplón:* «se dice […] del zapato hosco, ancho y muy bañado de suela» *(D. A.).*

[494] *rollo:* columna redonda que servía como insignia de una población.

[495] *de espaldas:* alusión a la postura de la mujer en el acto sexual.

[496] *futuro:* el futuro del verbo latino «sum» es «ero», de ahí la alusión a «Hero».

[497] *palabras:* referencia a las citas amorosas.

    Bien en puros cueros [498]   45
va, pues, a esta dama,
que los apetece
más que las enaguas.
    Y rema contento
mirando su cara,   50
estrellón de venta,
norte [499] con quijadas.
    Un candil le asoma
por una ventana,
farol de cocina   55
que el viento le apaga.
    Tan mal prevenida,
que unas hojarascas [500]
ardiendo aún no tiene
con que se enjugara.   60
    Del candil la mecha
es toda su llama,
y con mechas [501] tales
no cura sus llagas.
    Pero ir sin gregüescos [502]   65
no es muy mala traza [503]

---

[498] Se refiere a Leandro, pero «cueros» son, también, los de vino, apetecidos (v. 47) por Hero, tildada entonces de borracha.

[499] *norte:* junto a *estrellón* es una alusión a la estrella Polar.

[500] *hojarascas:* dilogía: *a)* hojas secas para preparar una hoguera, y *b)* palabras y promesas inútiles.

[501] *mechas:* «clavos e hilas torcidas, que meten los cirujanos en las heridas y llagas» *(D.A.).*

[502] *gregüescos:* calzones; verso que se refiere a Leandro.

[503] *traza:* invención.

para disculparse
del no darle blanca [504].

    Si ansí fueran todos
a ver a sus daifas [505],   70
fueran ahorrados
y horros [506] de la paga.

    Que aunque de sus uñas
hicieran tenazas,
estuvieran libres   75
que los desnudaran.

    Si como va, vuelve,
buena dicha alcanza,
y si por las costas [507],
el mar no le embarga.   80

    Guarde que le dé
por cárcel la casa,
pues son calabozos
sus mejores salas.

    Mancebito, aguije [508],   85
que los vientos braman
y la luz dormita
ya en trémulas pausas [509].

    Para cuando vuelva,
pida las borrascas,   90

---

[504] *blanca:* moneda de poco valor.

[505] *daifas:* «mancebas a quienes se sustenta y se regala por el ruin trato» *(D. A.).*

[506] *horros:* libres.

[507] *costas:* dilogía: *a)* orillas del mar, y *b)* gastos judiciales.

[508] *aguije:* apresúrese.

[509] Alusión a que la luz del candil se va apagando.

que a un arrepentido [510]
no serán ingratas.
   Si el nadar despacio
para entonces guarda,
andará entendido, 95
ya que necio hoy anda;
   porque de la moza
la limpieza [511] es tanta,
que al hondo a lavarse
entrará de gana. 100
   Pero ¿qué le ha dado? [512]
Sin duda es que traga
a la engendradora
de las cucarachas [513].
   ¿Juega al escondite? 105
Si danza, sea la *Alta,*
que en el mar no es bueno
el danzar la *Baja* [514].
   ¿Se ahoga de veras?
¿O finge las bascas [515], 110
por hacer reír
a la desollada [516]?

---

[510] Quevedo insinúa que Leandro vuelve «arrepentido» de verse con Hero.

[511] *limpieza:* ironía, ya que a Hero se la ha descrito llena de suciedad.

[512] Aquí comienza la serie interrogativa con que el narrador genera sucesivas intrigas para contar la muerte de Leandro.

[513] Perífrasis para decir «que traga agua», porque se pensaba que este «insecto [...] se cría debajo de las tinajas del agua y en lugares húmedos» *(D. A.).*

[514] *Alta* y *Baja* eran dos danzas de la época.

[515] *bascas:* «congojas y alteraciones» *(D. A.).*

[516] *desollada:* descarada.

    Pero ya dio al traste [517].
¿Hay tan gran desgracia,
que a vista del puerto   115
no llegue a la playa?
    No habrá habido ahogado
que mejor lo haga,
ni con menos gestos,
ni con mayor gracia.   120
    Ya Hero lo ha visto,
y por él se arranca
todos los cabellos,
y se mete a calva.
    A diluvios llora,   125
no en forma ordinaria:
la nariz moquitas,
los ojos lagañas.
    «¡Ay, Leandro! —dijo—,
grítelo la Fama [518]:   130
que muerto el efecto,
no vivió la causa [519].
    »Mas ya que desnudo
a morir te echabas,
mucho tus vestidos   135
hoy me consolaran.
    »Mas, pues todo amores
fue ese pecho y nada,
a nadar contigo
este mío vaya.   140

---

[517] «Dar al traste: metafóricamente vale destruir alguna cosa» *(D.A.)*.

[518] *Fama:* personaje mitológico que difundía las noticias.

[519] *efecto y causa* son metáforas por Leandro y Hero; parodia de formulaciones aristotélicas.

»Desde este desván
a ese mar de plata
dar conmigo quiero
una zaparrada [520],
    »por si a los dos juntos,   145
piadoso, nos traga,
como caperuzas,
algún pez tarasca [521];
    »y en sepulcro vivo,
por tálamo, zampa   150
estos dos amargos
de una vez la Parca [522].
    »Que para memoria,
en las peñas pardas
que este dolor miran   155
casi lastimadas,
    »escribirá Amor,
con letra bastarda [523],
cortando una pluma
de sus propias alas: 160
    »"Cual huevos [524] murieron
Tonto y Mentecata.

---

[520] *zaparrada:* «golpe grande y con estruendo que se da, cayendo de alto» *(D. A.).*

[521] «Echar caperuzas a la tarasca. Es tragar y engullir con exceso, a semejanza de lo que ejecutan los que llevan la máquina artificial, dicha Tarasca, que alargándole el pescuezo, y abriéndole la boca, tragan y quitan por ella cuanto le echan» *(D. A.).*

[522] *la Parca:* la Muerte.

[523] *letra bastarda:* dilogía. *a)* letra cursiva, y *b)* letra ilegítima, imagen que satiriza estos amores.

[524] *Cual huevos:* como huevos fritos (porque sus cuerpos se estrellan contra las rocas).

Satanás los cene:
buen provecho le hagan"».
   Calló, y lo primero 165
el candil dispara;
y por no mancharse,
las olas se apartan [525].

   Y deshecha en llanto,
como la que vacia [526], 170
echándose, dijo:
«¡Agua va!», a las aguas.

   Hízose allá el mar
por no sustentarla,
y porque la arena 175
era menos blanda.

   Dio sobre el aceite
del candil, de patas;
y en aceite puro
se quedó estrellada [527]. 180

   La verdad es esta,
que no es patarata [528],
aunque más jarifa [529]
Museo [530] la canta.

[101]

---

[525] Huyen de la suciedad del candil.

[526] *la que vacia:* la que arroja a la calle las aguas sucias de la casa, gritando «¡Agua va!» (v. 172), metáfora, entonces, por la misma Hero.

[527] *estrellada:* frita en el aceite del candil.

[528] *patarata:* mentira.

[529] *jarifa:* «vistosa, bien compuesta o adornada» *(D. A.).*

[530] *Museo:* poeta griego del siglo VI d. de C. que compuso la *Historia de Hero y Leandro.*

Comentario: La figura del Cid fue conocida, en los siglos XVI-XVII, por medio del Romancero y de crónicas que biografiaban su vida y sus gestas. Guillén de Castro, en sus *Mocedades del Cid,* le hizo subir a la escena. Quevedo, en este romance, no critica el significado mítico del personaje histórico, por el que sentía gran respeto; sí, en cambio, se burla de los temas épicos y de los otros personajes del *Poema.* El episodio parodiado abre el Cantar tercero (vv. 2278-2310): recuérdese que los infantes de Carrión, movidos por el interés, acababan de casarse con las hijas del Cid; estando este dormido, un león se escapa de su jaula; los guerreros rodean al héroe para protegerlo, mientras que los infantes huyen despavoridos a esconderse, uno «tras una viga de lagar», mientras que el otro —según Quevedo— se precipita en una privada o letrina; la suciedad con que se cubren es símbolo de su cobardía y de la deshonra en que caen ante la corte de Valencia; la consecuencia es la venganza del robledo de Corpes. Obsérvese que Quevedo mantiene casi intacta la estructura argumental del *Cantar de Mio Cid,* para evidenciar más la sátira del lenguaje y de las costumbres descritas.

PAVURA [531] DE LOS CONDES DE CARRIÓN

Romance

Medio día era por filo [532],
que rapar [533] podia la barba,

---

[531] *Pavura:* pavor.

[532] Imitación del comienzo de los romances de Conde Claros y de Gaiferos: «Media noche era por filo».

[533] *rapar:* imagen cómica construida sobre el «filo» del v. 1.

>   cuando, después de mascar,
>   el Cid sosiega la panza;
>   la gorra sobre los ojos 5
>   y floja la martingala [534],
>   boquiabierto y cabizbajo,
>   roncando como una vaca.
>   Guárdale el sueño Bermudo [535],
>   y sus dos yernos le guardan, 10
>   apartándole las moscas
>   del pescuezo y de la cara,
>   cuando unas voces, salidas
>   por fuerza de la garganta,
>   no dichas de voluntad, 15
>   sino de miedo pujadas [536],
>   se oyeron en el palacio,
>   se escucharon en la cuadra,
>   diciendo: «¡Guardá: el león!»,
>   y en esto entró por la sala. 20
>   Apenas Diego y Fernando
>   le vieron tender la zarpa,
>   cuando hicieron sabidoras
>   de su temor a sus bragas.
>   El mal olor de los dos 25
>   al pobre león engaña,
>   y por cuerpos muertos deja
>   los que tal perfume lanzan [537].

---

[534] *martingala:* parte de la armadura que cubría las entrepiernas.

[535] *Bermudo:* Pero Bermúdez, sobrino del Cid.

[536] *pujadas:* «pujar» significaba «tener dificultad en explicarse».

[537] Alude a la creencia de que los animales pasan de largo ante un cadáver.

A venir acatarrado
el león, a los dos mata; 30
pues de miedo del perfume
no les siguió las espaldas.

El menor, Fernán González,
detrás de un escaño [538] a gatas,
por esconderse, abrumó [539] 35
sus costillas con las tablas.

Diego, más determinado,
por un boquerón [540] se ensarta
a esconderse, donde van
de retorno las viandas [541]. 40

Bermudo, que vio el león,
revuelta al brazo la capa
y sacando un asador [542]
que tiene humos [543] de espada,
en la defensa se puso. 45
Despertó al Cid la borrasca [544];
y abriendo entrambos los ojos [545]
empedrados [546] de lagañas,

---

[538] *escaño:* «banco largo, con espaldas de competente anchura» *(D.A.).*

[539] *abrumó:* se dañó.

[540] *boquerón:* «abertura grande que se hace en la tierra, o en alguna pared o muro» *(D.A.).*

[541] Perífrasis por letrina.

[542] *asador:* varilla puntiaguda para asar.

[543] *humos:* presunciones, vanidades.

[544] *borrasca:* metáfora por agitación.

[545] *entrambos los ojos:* los dos ojos.

[546] *empedrados:* hipérbole que aumenta el tamaño de las legañas.

    tal grito le dio al león,
que le aturde y le acobarda: 50
que hay leones enemigos
de voces y de palabras.

    Enviole a su leonera
sin que le diese fianzas;
por sus yernos preguntó, 55
receloso [547] de desgracia.

    Allí respondió Bermudo:
«Señor no receléis nada,
pues se guardan vuesos [548] yernos
en Castilla como Pascua». 60

    Y remeciendo [549] el escaño,
a Fernán González hallan
davanado en su bohemio [550],
hecho ovillo en la botarga [551].

    Las narices del buen Cid 65
a saberlo se adelantan,
que le trujeron las nuevas
los vapores de sus calzas.

    Salió cubierto de tierra
y lleno de telarañas; 70
corriose [552] el Cid de mirarlo,
y en esta guisa le fabla:

---

[547] *temeroso.*

[548] *vuesos:* vuestros.

[549] *remeciendo:* moviendo.

[550] *devanado en su bohemio:* envuelto en su capa corta.

[551] *botarga:* «parte del traje [...] que cubría el muslo y la pierna, y era ancha» *(D. A.).*

[552] *corriose:* se avergonzó.

«Agachado estabais, Conde,
y tenéis mucha más traza
de home que aguardó jeringa [553], 75
que del que espera batalla.
   »Connusco [554] habedes yantado:
¡oh, que mala pro [555] vos faga,
pues tan presto bajó el miedo
los yantares a las ancas! 80
   »Sacárades a Tizona,
que ella vos asegurara,
pues en vos no es rabiseca,
según la humedad que anda».
   Gil Díaz, el escudero 85
que al Cid continuo acompaña,
con la mano en las narices,
todo sepultado en bascas [556],
   trayendo detrás de sí
a Diego, el yerno que falta, 90
con una mano le enseña,
mientras con otra se tapa.
   «Vedes aquí, señor mío,
un fijo de vuesa casa,
el Conde de Carrión, 95
que esconde [557] mal su crianza.
   »De donde yo le he sacado,
sus vestidos vos lo parlan [558],

---

[553] *jeringa:* lavativa.
[554] *Connusco:* Conmigo.
[555] *mala pro:* mal beneficio.
[556] *bascas:* náuseas.
[557] *esconde:* obsérvese el calambur, ya que puede leerse «es conde».
[558] *parlan:* hablan.

y a voces sus palominos [559]
chillan, señor, lo que pasa.   100

»Más cedo [560] podréis tomar
a Valencia y sus murallas,
que de ningún cabo al conde,
por no haber de do le asgan [561].

»Si no merece de yerno   105
el nombre por esta causa,
tenga el de servidor [562] vueso,
pues tanta parte le alcanza».

Sañudo le mira el Cid,
con mal talante le encara: 110
«De esta vez, amigos condes,
descubierto habéis la caca.

»¿Pavor de un león hobistes,
estando con vuesas armas,
fincando [563] en compaña mía,   115
que para seguro basta?

»Por San Millán, que me corro,
mirándovos de esa traza,
y que, de lástima y asco,
me revolvéis las entrañas.   120

»El que de infanzón se precia,
face en el pavor y el ansia

---

[559] *palominos:* «manchas del excremento, que suelen quedar en las camisas» *(D.A.).*

[560] *cedo:* rápido.

[561] *asgan:* cojan.

[562] *servidor:* dialogía: *a)* el que sirve, y *b)* el que va a la letrina o «servicio».

[563] *fincando:* quedando.

de las tripas corazón [564]:
así el refrán vos lo canta.
　»Mas, vos, en esta presura, 125
sin acatar vuesa casta [565],
facéis del corazon tripas,
que el puro temor vos vacia.
　»Ya que Colada no os fizo
valiente aquesta vegada [566], 130
fágavos colada [567] limpio:
echaos, buen conde, en colada».
　«Calledes, el Cid, calledes
—dijo, con la voz muy baja—,
y la cosa que es secreta [568], 135
tan pública no se faga.
　»Si non fice valentía,
fice cosa necesaria [569];
y si probáis lo que fice,
lo tendredes por fazaña. 140
　»Más ánimo es menester
para echarse en la privada,
que para vencer a Búcar,
ni a mil leones que salgan.

---

[564] Alusión a la frase «hacer de tripas corazón», que significa sobreponerse a circunstancias negativas o repugnantes. Esta frase se disloca en el v. 127. Recuerda, también, al refrán: «Tripas llevan corazón, que no corazón tripas».

[565] *casta:* condición social.

[566] *vegada:* vez.

[567] *colada:* sobre el nombre de la espada anterior, se articula el significado de «hacer la colada» o «hacer la limpieza».

[568] *secreta:* dilogía: *a)* silenciada, escondida, y *b)* letrina.

[569] *necesaria:* dilogía: *a)* precisa, y *b)* «letrina o lugar para las que se llaman necesidades corporales» *(D.A.).*

>>Ánimo sobrado tuve». 145
Mas en esto el Cid le ataja,
porque, sin un incensario,
ninguno a escuchar le aguarda.
 «Id, infante, a doña Sol,
vuesa esposa desdichada, 150
y decidla que vos limpie,
mientras yo vos busco un ama.
 »Y non fabléis ende más,
y obedeced, si os agrada,
aquel refrán que aconseja: 155
la caca, conde, callarla[570]».

9.11. De experiencia propia

[102]

Comentario: Quevedo no perfila aquí su biografía real, pero sí apunta reflexiones de índole moral, que, sin ninguna duda, extraería de su propia experiencia. En 1627, cuando aparece este poema, Quevedo ha atravesado ya diversas fases de desengaño vital y de desencanto político. El tono festivo, de todos modos, es constante en el romance, estructurado como una acumulación de desgracias continuas (algunas hiperbólicas) que afectan al personaje narrador y que inciden en el tema tópico del mundo al revés.

---

[570] Alusión a «tapar o callar la caca», frase que se emplea cuando se dice lo bueno de algo y se silencia lo malo.

REFIERE SU NACIMIENTO
Y LAS PROPRIEDADES QUE LE COMUNICÓ

Romance

«Pariome adrede mi madre,
¡ojalá no me pariera!,
aunque estaba, cuando me hizo,
de gorja [571] Naturaleza.

»Dos maravedís [572] de luna   5
alumbraban a la tierra,
que, por ser yo el que nacía,
no quiso que un cuarto fuera [573].

»Nací tarde, porque el sol
tuvo de verme vergüenza,   10
en una noche templada,
entre clara y entre yema.

»Un miércoles con un martes
tuvieron grande revuelta [574],
sobre que ninguno quiso   15
que en sus términos naciera.

---

[571] *de gorja:* de juerga.

[572] *maravedís:* como el *cuarto* del v. 8, se alude a monedas de poco valor, que ridiculizan el nacimiento del personaje; el término «maravedís» se convierte en una de las fases lunares.

[573] Quevedo parodia la referencia a los signos de astrología como indicios de la buena o mala fortuna que acompañará al nacido; así, en el «Romance de Abenámar»: «el día que tú naciste/grandes señales había».

[574] *revuelta:* pelea alegórica, porque ninguno de los días quería ser en el que naciera el personaje.

»Nací debajo de Libra [575],
tan inclinado a las pesas [576],
que todo mi amor le fundo
en las madres vendederas.   20

»Diome el León [577] su cuartana,
diome el Escorpión [578] su lengua,
Virgo [579], el deseo de hallarle,
y el Carnero [580] su paciencia.

»Murieron luego mis padres;   25
Dios en el cielo los tenga,
porque no vuelvan acá,
y a engendrar más hijos vuelvan.

»Tal ventura desde entonces
me dejaron los planetas,   30
que puede servir de tinta,
según ha sido de negra.

»Porque es tan feliz mi suerte,
que no hay cosa mala o buena
que, aunque la piense de tajo [581],   35
al revés [582] no me suceda.

---

[575] *Libra:* séptimo signo del Zodiaco (bajo él nació Quevedo).

[576] *pesas:* Libra se representa con un peso en forma de balanza.

[577] *León:* alusión a Leo, quinto signo del Zodiaco, del 21 de julio al 21 agosto; es la época de las enfermedades caniculares, como la «cuartana»: fiebre intensa que se repetía cada cuatro días.

[578] *Escorpión:* se refiere a Escorpio, octavo signo del Zodiaco; su lengua es venenosa.

[579] *Virgo:* sexto signo zodiacal; alusión a la virginidad.

[580] *Carnero:* imagen de Aries (primer signo del Zodiaco) y símbolo de los cornudos.

[581] *tajo:* término de varias significaciones: *a)* corte que se da con un instrumento, *b)* corte que se da a la pluma de escribir, y *c)* golpe de esgrima de derecha a izquierda.

[582] *revés:* sugiere significados contrarios a «tajo».

»De estériles soy remedio,
pues, con mandarme su hacienda [583],
les dará el cielo mil hijos
por quitarme las herencias.   40
»Y para que vean los ciegos,
pónganme a mí a la vergüenza [584];
y para que cieguen todos,
llévenme en coche o litera.
»Como a imagen de milagros   45
me sacan por las aldeas [585]:
si quieren sol, abrigado,
y desnudo, por que llueva.
»Cuando alguno me convida,
no es a banquetes ni a fiestas,   50
sino a los misacantanos [586],
para que yo les ofrezca.
»De noche soy parecido
a todos cuantos esperan
para molerlos a palos,   55
y así, inocente, me pegan.
»Aguarda hasta que yo pase,
si ha de caerse, una teja;
aciértanme las pedradas,
las curas solo me yerran [587].   60

---

[583] *mandarme su hacienda:* dejármela en herencia.
[584] *vergüenza:* vista pública.
[585] Alusión a la costumbre rural de sacar en procesión imágenes religiosas, para solicitar su intervención y lograr que vuelva a llover.
[586] *misacantanos:* los que cantan misa por primera vez; era costumbre llevarles un regalo.
[587] Porque no le matan; recuérdese la fama de los médicos.
[588] *que no yerre:* que no equivoque.

»Si a alguno pido prestado,
me responde tan a secas,
que, en vez de pretarme a mí,
me hace prestar paciencia.

»No hay necio que no me hable, 65
ni vieja que no me quiera,
ni pobre que no me pida,
ni rico que no me ofenda.

»No hay camino que no yerre [588],
ni juego donde no pierda, 70
ni amigo que no me engañe,
ni enemigo que no tenga.

»Agua me falta en el mar,
y la hallo en las tabernas [589]:
que mis contentos y el vino 75
son aguados dondequiera.

»Dejo de tomar oficio,
porque sé por cosa cierta
que en siendo yo calcetero [590],
andarán todos en piernas. 80

»Si estudiara medicina,
aunque es socorrida ciencia [591],
porque no curara yo,
no hubiera persona enferma.

»Quise casarme estotro año, 85
por sosegar mi conciencia,

---

[589] Alusión a la costumbre de los taberneros de aguar el vino.
[590] *calcetero:* el que hace calzas o medias.
[591] *socorrida ciencia:* dote muy mala.
[592] *un dote al diablo:* dote muy mala.

y dábanme un dote al diablo [592]
con una mujer muy fea.

»Si intentara ser cornudo
por comer de mi cabeza [593], 90
según soy de desgraciado,
diera mi mujer en buena.

»Siempre fue mi vecindad
mal casados que vocean,
herradores que madrugan, 95
herreros que me desvelan.

»Si yo camino con fieltro [594],
se abrasa en fuego la tierra;
y en llevando guardasol [595],
está ya de Dios que llueva. 100

»Si hablo a alguna mujer
y la digo mil ternezas,
o me pide o me despide,
que en mí es una cosa mesma.

»En mí lo picado [596] es roto; 105
ahorro, cualquier limpieza [597];
cualquiera bostezo es hambre;
cualquiera color, vergüenza.

---

[593] Alude al cornudo que consiente en serlo para obtener un beneficio económico (véase poema 75).

[594] *fieltro:* «capote [...] para defensa del agua, nieve o mal tiempo» *(D. A.).*

[595] *guardasol:* quitasol.

[596] *picado:* agujereado.

[597] *limpieza:* «integridad y desinterés con que uno se porta en algún negocio» *(D. A.).*

»Fuera un hábito en mi pecho
remiendo[598] sin resistencia, 110
y peor que besamanos[599]
en mí cualquiera encomienda[600].

»Para que no estén en casa
los que nunca salen de ella,
buscarlo yo solo basta, 115
pues con eso estarán fuera.

»Si alguno quiere morirse
sin ponzoña o pestilencia,
proponga hacerme algún bien,
y no vivirá hora y media. 120

»Y a tanto vino a llegar
la adversidad de mi estrella,
que me inclinó que adorase
con mi humildad tu soberbia[601].

»Y viendo que mi desgracia 125
no dio lugar a que fuera,
como otros, tu pretendiente,
vine a ser tu pretenmuela[602].

»Bien sé que apenas soy algo;
mas tú, de puro discreta, 130
viéndome con tantas faltas[603],
que estoy preñado sospechas».

---

[598] *remiendo:* imagen por las insignias que se cosían en los hábitos de las Órdenes Militares.

[599] *besamanos:* regalo que se lleva a un señor o noble.

[600] *encomienda:* dignidad dotada de renta.

[601] La última de las desgracias es de carácter amoroso.

[602] *pretenmuela:* término jocoso; imitación léxica de preten*diente*.

[603] *faltas:* ausencias de los períodos de menstruación en la mujer, que indican un embarazo.

Aquesto Fabio cantaba
a los balcones y rejas
de Aminta, que aun de olvidarle 135
le han dicho que no se acuerda.

[103]

Comentario: Eran usuales los poemas satíricos en los que el narrador asume la perspectiva autobiográfica para relatar su experiencia pasada, situado en un presente desde el que puede emitir juicios críticos y señalar, así, con mayor precisión los defectos y vicios sociales. Es la misma estructura de la novela picaresca, con la diferencia de que una poesía satírica no puede desarrollar un argumento amplio y debe centrarse, directamente, en los asuntos denunciados. Quevedo va a resumir en esta letrilla varios de sus temas predilectos, con el objeto de perfilar un Madrid arruinado física y moralmente. Obsérvese la continua repetición de *vi:* siempre al principio, en la mitad y al final de las cinco estrofas.

LETRILLA BURLESCA

Después que me vi en Madrid,
yo os diré lo que vi.

Vi una alameda excelente:
que a Madrid el tiempo airado [604]

---

[604] *el tiempo airado:* alegoría por pérdida de fortuna o de suerte; toda la letrilla figurará un Madrid desastrado por haberse trasladado la corte del reino a Valladolid en 1601.

de sus bienes le ha dejado 5
las raíces [605] solamente;
vi los ojos de una puente [606],
ciegos a puro llorar;
los pájaros vi cantar;
las gentes llorar oí. 10
Yo os diré lo que vi.

Médicos vi en el lugar,
que sus desdichas rematan,
y la hambre no la matan
por no haber ya qué matar; 15
vi a los barberos jurar
que en sus casas, en seis días,
por sobrar tantas bacías [607],
no entraba maravedí.
Yo os diré lo que vi. 20

Vi de pobres tal enjambre,
y una hambre tan cruel,
que la propia sarna en él
se está muriendo de hambre;
vi, por conservar la estambre [608], 25
pedir hidalgos honrados

---

[605] *raíces:* junto al v. 5, alusión a los «bienes raíces o inmuebles», es decir, aquellos que no pueden moverse, como casas o fincas.

[606] Alusión al Puente de Segovia sobre el río Manzanares.

[607] *bacías:* vaso redondo de metal, con una abertura en forma de media luna, usado por los barberos para afeitar; es el famoso yelmo de Mambrino de don Quijote.

[608] *estambre:* alusión a la frase hecha «estambre de la vida: poéticamente se entiende el curso mismo del vivir, la misma vida» *(D.A.);* aquí, equivale a dignidad.

al reloj cuartos [609] prestados,
y aun quizá yo los pedí.
Yo os diré lo que vi.

Vi mil fuentes celebradas,   30
que son, aunque agua les sobre,
fuentes en cuerpo de pobre,
que dan lástima miradas;
vi muchas puertas cerradas
y un pueblo echado por puertas [610];   35
de sed vi lámparas muertas
en los templos que corrí.
Yo os diré lo que vi.

Vi un lugar a quien su norte [611]
arrojó de las estrellas,   40
que, aunque agora está con mellas [612],
yo le conocí con corte [613].
No hay quien sus males soporte,
pues por no le ver su río,
huyendo corre con brío   45
y es arroyo baladí [614].

---

[609] *cuartos:* dilogía: *a)* la cuarta parte de una hora, y *b)* moneda de cobre de poco valor.

[610] «Echar por puertas a uno: es quitarle la hacienda, dejándole pobre y obligándole a mendigar de puerta en puerta» *(D. A.).*

[611] *norte:* metáfora por guía.

[612] *mellas:* dilogía: *a)* grieta en el filo de alguna arma, y *b)* «se llama también el vacío o hueco que queda en alguna cosa, por haber sacado lo que ocupaba».

[613] *corte:* dilogía que explica la anterior: *a)* filo del arma, y *b)* ciudad donde reside el rey.

[614] *baladí:* «cosa de poca sustancia, endeble» *(D. A.).*

*Yo os diré lo que vi
después que me vi en Madrid.*

[104]

Comentario: Igual que en el soneto 40, Quevedo poetiza en este romance un hecho repetido de su existencia: la huida de Madrid hacia el retiro de la Torre de Juan Abad, desde cuya serenidad y sosiego reflexiona sobre los engaños, falsedades e hipocresías de la vida cortesana y de las intrigas políticas. Quevedo concibe el poema como una carta-respuesta a un supuesto médico (v. 5) que le ha escrito interesándose por los motivos de su partida (v. 17); esta ficción establece una perspectiva impersonal, en la que el lector se funde y, al mismo tiempo, moldea un marco satírico, implícito ya en la figura del médico (véanse poemas 83, 84, 85 y 86).

RETIRADO DE LA CORTE RESPONDE A LA CARTA DE UN MÉDICO

Romance

Desde esta Sierra Morena,
en donde huyendo del siglo [615],
conventüal [616] de las jaras [617],
entre peñascos habito;

---

[615] *siglo:* «comercio y trato de los hombres en cuanto toca y mira a la vida común política» *(D.A.).*

[616] *conventüal:* como sustantivo significa «religioso, monje».

[617] *jaras:* planta o arbolillo leñoso.

        a vos, el doctor Herodes,　　　　5
pues andáis matando niños,
y si Dios no lo remedia
seréis el día del Juicio[618];
    removido de la vuestra[619],
me purgo ansí por escrito:　　　　10
que hizo vuestra carta efecto
de recipe[620] solutivo[621].
    Yo me salí de la Corte
a vivir en paz conmigo:
que bastan treinta y tres años　　　15
que para los otros vivo.
    Si me hallo, preguntáis,
en este dulce retiro,
y es aquí donde me hallo,
pues andaba allá perdido.　　　　20
    Aquí me sobran los días,
y los años fugitivos
parece que en estas tierras
entretienen el camino.
    No nos engaitan[622] la vida　　　25
cortesanos laberintos,
ni la ambición ni soberbia
tienen por acá dominio.

---

[618] Hipérbole: «el día del Juicio» es metáfora por médico.

[619] *removido de la vuestra:* conmovido por vuestra carta.

[620] *recipe:* receta.

[621] *solutivo:* «cualquier cosa que tiene virtud de desatar, desleír o liquidar a otra» *(D.A.).*

[622] *engaitan:* engañan con promesas.

Hállase bien la verdad
entre pardos capotillos [623]: 30
que doseles [624] y brocados [625]
son su mortaja en los ricos.

Por acá Dios solo es grande,
porque todos nos medimos
con lo que habemos de ser, 35
y ansí todos somos chicos.

Aquí miro las carrascas [626],
copetes [627] de aquestos riscos,
a quien, frisada [628], la yerba
hace guedejas [629] y rizos. 40

Oigo de diversas aves
las voces y los chillidos:
que ni yo entiendo la letra,
ni el tono que Dios les hizo.

Asoma el sol su caraza, 45
que desde el primer principio
no hay día que no la enseñe,
lo demás todo escondido.

No ha osado sacar un brazo,
una pierna ni un tobillo: 50
que ni sabemos si es zurdo
o zambo [630] sol tan antiguo.

---

[623] *capotillos:* «ropa corta a manera de capa» *(D. A.).*

[624] *doseles:* armazones, compuestos de colgaduras de terciopelo, fijados a la pared y que cubren los estrados o sitiales.

[625] *brocados:* telas de seda, oro o plata.

[626] *carrascas:* matorrales de encina.

[627] *copetes:* «pelo que se levanta encima de la frente» *(D. A.).*

[628] *frisada:* levantada y retorcida.

[629] *guedejas:* cabello largo que cae de la cabeza a las sienes.

[630] *zambo:* con las piernas vueltas hacia fuera y juntas las rodillas.

Si es que tiene malos bajos
y no quiere descubrirlos,
amanezca de estudiante [631]   55
o vuelto monje benito.

Hecha cuartos en el cielo
a la blanca luna miro,
como acá a los salteadores
ponemos en los caminos [632].   60

A la encarcelada noche
llenan las hazas [633] de grillos,
y merece estas prisiones
por ser madre de delitos.

Aquí miro con la fuerza   65
que el rodezno [634] en los molinos
vuelve en harina [635] las aguas,
como las piedras al trigo.

Veo encanecer los cerros
el bien barbado cabrío,   70
letrados [636] de las dehesas,
colegiales de quejigos [637].

Las fuentes se van riendo,
aunque sabe Jesucristo

---

[631] *de estudiante:* llevaban largas capas con que se tapaban por entero.

[632] Alusión a la costumbre de descuartizar a los condenados a muerte para echar sus restos por los caminos.

[633] *hazas:* campo con las haces y gravillas segadas.

[634] *rodezno:* rueda de molino de muchas palas.

[635] *harina:* metáfora por la espuma.

[636] *letrados:* metáfora por macho cabrío; su barba blanca permite la imagen.

[637] *quejigos:* robles parecidos a las encinas.

que hay melancólicas muchas, 75
que lloran más que un judío.
　　Aquí murmuran [638] arroyos,
porque han dado en perseguirlos:
que hay muchos de buena lengua,
bien hablados y bien quistos. 80
　　La lechuza ceceosa
entre los cerros da gritos:
que parece sombrerero
en la música y los silbos.
　　Ándase aquí la picaza [639] 85
con su traje dominico [640],
y el pajarillo triguero
con el suyo capuchino [641].
　　Como el muchacho en la escuela
está en el monte el cuclillo [642], 90
con maliciosos acentos,
deletreando maridos [643].
　　La piedad de los milanos [644],
se conoce en este sitio,

---

[638] *murmuran:* dilogía: *a)* se refiere al ruido de la corriente de las aguas entre la arena y las piedras, y *b)* conversan secretamente en perjuicio de alguien.

[639] *picaza:* urraca.

[640] *traje dominico:* por el color blanco y negro de la Orden dominica.

[641] *capuchino:* por el color marrón del hábito de los frailes descalzos franciscanos.

[642] *cuclillo:* ave trepadora de color ceniza y de tamaño reducido; su hembra pone los huevos en otros nidos.

[643] El cuclillo era imagen del cornudo.

[644] *milanos:* ave de rapiña de color oscuro; se puede amaestrar y es capaz de criar polluelos de otras aves (de ahí, la piedad explicada en versos 94-96).

pues que descuidan las madres 95
de sustentar tantos hijos.
   Los taberneros de acá
no son nada llovedizos [645],
y ansí hallarán antes polvo
que humedades en el vino. 100
   El tiempo gasto en las eras,
mirando rastrar los trillos [646],
y, hecho hormiga, no salgo
de entre montones de trigo.
   A las que allá dan diamantes, 105
acá las damos pellizcos;
y aquí valen los listones [647]
lo que allá los cabestrillos [648].
   Las mujeres de esta tierra
tienen muy poco artificio; 110
mas son de lo que las otras,
y me saben a lo mismo.
   Si nos piden [649], es perdón,
con rostro blando y sencillo,
y si damos, es en ellas [650], 115
que a ellas es prohibido.

---

[645] *llovedizos:* alusión al agua que echaban en el vino.

[646] *trillos:* tablón en el que se encajan piedras de pedernal para cortar la paja y separar el grano de ella.

[647] *listones:* cintas de seda.

[648] *cabestrillos:* «cadenita que traían las mujeres colgada del hombro, hecha de oro, plata, seda, aljófar» *(D. A.).*

[649] *piden:* no como las mujeres cortesanas que pedían solo dinero o regalos.

[650] *damos [...] en ellas:* «dar en (algo o alguien)» lleva implícito el significado de «percatarse de la verdad (de ese algo o alguien)».

Buenas son estas sayazas [651]
y estas faldas de cilicio [652],
donde es el gusto más fácil,
si el deleite menos rico.   120

Las caras saben a caras,
los besos saben a hocicos:
que besar labios con cera [653]
es besar un hombre cirios.

Esta, en fin, es fértil tierra   125
de contentos y de vicios,
donde engordan bolsa y hombre
y anda holgado el albedrío.

No hay aquí «Mas, ¿qué dirán?»;
ni ha llegado a sus vecinos   130
«Prometer y no cumplir»,
ni el «Pero», ni «El otro dijo».

Madrid es, señor doctor,
buen lugar para su oficio,
donde coge cien enfermos,   135
de solo medio pepino [654].

Donde le sirve de renta
el que suda y bebe frío,
y le son juros y censos [655]
los melones y los higos.   140

---

[651] *sayazas:* sayas grandes.

[652] *cilicio:* vestidura áspera.

[653] Alusión a la costumbre de usar la cera como maquillaje.

[654] *pepino:* se creía que eran muy dañinos para la salud y que causaban fiebres.

[655] *juros y censos:* tributos o impuestos que al médico le dan «los melones y los higos», ya que se creía que causaban enfermedades.

Que para mí, que deseo
vivir en el adanismo [656],
en cueros y sin engaños,
fuera de ese paraíso,
   de plata son estas breñas,   145
de brocado estos pellicos [657],
ángeles estas serranas,
ciudades estos ejidos [658].
   Vuesarced [659], pues, me encomiende
a los padres aforismos [660],   150
y dele Dios muchos años,
en vida del tabardillo [661].

[105]

Comentario: El poema parece una continuación del *Sueño del Infierno* (v. 4). Quevedo, en estos textos, plantea una situación argumental chocante y alejada de la normalidad; proporciona, así, al lector un punto de vista distinto del de su realidad, desde el que puede observar cómo su circunstancia de persona y sus experiencias resultan ridículas al extraerlas de su contexto habitual. El lector es transportado, pues, a un mundo ilusorio, mágico, donde todo es posible y donde puede contemplar una esperpéntica procesión de seres y de figuras (en este

---

[656] *adanismo:* nudismo.

[657] *pellicos:* zamarras de pastor.

[658] *ejidos:* campos comunales.

[659] *vuesarced:* abreviatura vulgar de vuestra merced.

[660] *aforismos:* sentencias breves, usadas por médicos para explicar las enfermedades.

[661] *tabardillo:* enfermedad peligrosa, parecida al tifus.

romance, hasta quince), caricaturizadas por Quevedo, para descubrir su verdadera identidad.

SÁTIRA

QUEVEDO

    Los que quisieren saber
de algunos amigos muertos,
yo daré razón de algunos,
porque vengo del Infierno.
    Allá queda barajando 5
aquel que acá supo cierto
a cuántos venía su carta,
cual si fuera del correo.
    Un letrado y su mujer
penan por varios efectos: 10
él, por su mal parecer;
ella, por tenerle bueno.
    Doncellas hay camarines [662]
por los barros [663] que comieron,
y, como otras por sus culpas, 15
se condenan por deseos.
    Un amante sodomita [664],
bajando al oscuro reino,
daba voces hacia el Limbo [665]
por ver muchachos en cueros. 20

---

[662] *camarines:* «salas pequeñitas y piezas destinadas como tocador para las muejeres» *(D. A.).*

[663] *barros:* jarrones (véase poema 94).

[664] *sodomita:* homosexual.

[665] *Limbo:* «lugar donde van las almas de los que mueren antes de tener uso de razón, sin haber recibido el bautismo» *(D. A.).*

    Admiráronme las feas
de ver que allá lo están menos;
porque sin duda parecen
mejor allá en el Infierno.
    Al bajar allá dos lindos [666], 25
quedaron los diablos ciegos,
porque los lindos son gente
que el diablo no puede vellos.
    Los trajes que acá se usan
sirven allá de usos [667] nuevos; 30
que ya traen todos los diablos
azul, guedejas y petos.
    Por sacar a su mujer
dicen que cantaba Orfeo,
y él me dijo, como amigo, 35
que era por verla allá dentro [668].
    Un mal casado pedía
que su mujer fuera al cielo [669],
por estar allá seguro
que no le pidiese celos. 40
    A un marido confiado [670],
por desengaños, le dieron

---

[666] *lindos:* «hombres afeminados, presumidos de hermosura» *(D.A.).*
[667] *usos:* modas.
[668] Desrealización del mito de Orfeo y Eurídice: aquel logró que Zeus le permitiera rescatar a Eurídice del mundo de los muertos; la única condición fue que no la mirara, y, al no cumplirla, Eurídice volvió al Infierno.
[669] «cielo» (v. 38) y «celos» (v. 40) son imágenes que comparten el simbolismo del color azul.
[670] *marido confiado:* cornudo.

que peinándose el copete[671]
se rastrillase los dedos[672].

Casadas hay porque dejan 45
sus hijos por herederos
de la hacienda del marido
sin tenerle parentesco.

Los médicos pasicortos
llegan allá tan corriendo, 50
que parece que postean[673]
las vidas de sus enfermos.

Por engañar en los dotes,
penaban todos los suegros,
y porque al casar las hijas 55
tenían forjados los nietos.

No solo los corcovados[674]
sirven de cepas al fuego,
sino sus padres también
por los que hicieron mal hechos. 60

A muchos que castigaban
por los cuernos que pusieron,
por que avise a sus maridos,
que eran frailes me dijeron.

A las adúlteras monjas, 65
con devotos[675] que tuvieron,

---

[671] *copete:* pelo superior de la cabeza.

[672] Con los cuernos.

[673] *postean:* corren la *posta*, término real de la metáfora «las vidas de los enfermos».

[674] *corcovados:* que tienen joroba; su figura deforme la compara Quevedo con las «cepas» en el verso siguiente.

[675] «Devoto de monjas: ... el que con caridad cristiana se dedicaba a asistir y consolar a las religiosas con pláticas espirituales […] Hoy

las vi penar entre rejas
por sus tactos y deseos.
   De solos los escribanos
no traigo conocimiento,   70
porque cuando van de acá
ya van demonios perfectos.
   Quien tuviere conocidos
escribirles puede luego:
que un sastre que está expirando,   75
será mensajero cierto.

[106]

Comentario: Quevedo fue también muy aficionado al género de los «enigmas»: adivinanzas que debían descubrirse mediante la aclaración del doble significado que encierran las metáforas y conceptos desplegados a lo largo del poema. Este enigma evidencia, además, lo que se ha denominado «obsesión anal» en la poesía satírica de Quevedo.

ENIGMA DE DON FRANCISCO
DE QUEVEDO Y VILLEGAS

Las dos somos hermanas producidas
de un parto y por extremo parecidas;
no hay vida cual la nuestra penitente;
siempre andamos de embozo [676] entre la gente,

---

se da este nombre a aquellos que tienen frecuente conversación y visitan las monjas, sin ejercitarse en tan buenas obras» *(D.A.).*

[676] *embozo:* parte de la capa o tela con que uno se cubre el rostro; solían llevarlo los «penitentes» (v. 3).

que a indecencia juzgara 5
vernos un ojo, cuanto más la cara [677].
Necesidad precisa [678]
nos tiene muchas veces sin camisa [679];
gormamos [680] siempre lo que no comemos;
y otro mayor trabajo padecemos: 10
que por culpas ajenas
somos el dedo malo [681] de las penas.
Un eco es nuestra voz, de que, ofendidos
y con razón, se muestran dos sentidos;
y así la urbanidad, aunque forzadas, 15
nos tiene a soliloquios condenadas;
es al fin nuestra vida,
por recoleta [682], siempre desabrida [683].

Explicación
Si no quieres trabajar
el ingenio, bella Clori,
orinal somos sin ori
y Vargas, quitado el var.

«Vargas, llamado por antonomasia "El sucio", es un poeta celebrado por ello en Madrid, tan puerco como las nalgas».

---

[677] Parodia burda de tópicos amorosos.

[678] Eufemismo aún empleado.

[679] *camisa:* «vestidura de lienzo [...] que se pone en el cuerpo inmediata a la carne» *(D.A.)*.

[680] *gormamos:* vomitamos.

[681] *el dedo malo:* «frase vulgar que se dice de aquel que ya ha caído en desgracia y por eso se le atribuye todo lo mal hecho» *(D.A.)*.

[682] *recoleta:* alusión a la Orden de los recoletos; «recoleta» es, por tanto, la que vive con retiro y abstracción del mundo.

[683] *desabrida:* áspera, desapacible.

9.12. Contra Góngora y el culteranismo

[107]

Comentario: La enemistad entre Góngora y Quevedo se remonta al año 1601, cuando coinciden en Valladolid y los dos se disputan favores y cargos cortesanos. Del desafío poético se pasó al enfrentamiento personal: por ejemplo, en 1625, Góngora enfermó de gravedad y Quevedo compró su casa para echarlo de ella, porque sabía que no podía pagar los alquileres. La forma de construir estas sátiras personales era la misma en los dos poetas: se seleccionaban versos escritos por el otro autor, para ridiculizarlos, cambiándolos de sentido con nuevas imágenes y conceptos.

SONETO

Yo te untaré mis obras con tocino [684],
por que no me las muerdas [685], Gongorilla,
perro de los ingenios [686] de Castilla,
docto en pullas [687], cual mozo de camino.

---

[684] *con tocino:* Quevedo atacaba a Góngora, sugiriendo que descendía de judíos.

[685] *muerdas:* metáfora por critiques, sobre la que se construye la metáfora de «perro» (v. 3) por Góngora, ya que, además, «perro» era insulto que se dirigía a los judíos.

[686] *perro de los ingenios:* imitación paródica de «príncipe de los ingenios».

[687] *pullas:* «dicho obsceno o sucio de que comúnmente usan los caminantes, cuando se encuentran unos a otros» *(D.A.).*

Apenas hombre, sacerdote indino[688], 5
que aprendiste sin christus[689] la cartilla;
chocarrero de Córdoba[690] y Sevilla,
y, en la Corte, bufón a lo divino.

¿Por qué censuras tú la lengua griega[691]
siendo solo rabí[692] de la judía, 10
cosa que tu nariz[693] aun no lo niega?

No escribas versos más, por vida mía;
aunque aquesto de escribas[694] se te pega,
por tener de sayón[695] la rebeldía.

[108]

Comentario: Los ataques a Góngora se extendieron también a la forma literaria que él creó: el culteranismo (o

---

[688] *indino:* indigno: Góngora fue ordenado de Menores en 1577, para cobrar el sueldo del cargo de racionero de la catedral de Córdoba.

[689] *christus:* «la cruz que precede al abecedario o alfabeto en la cartilla: y enseña que en su santo nombre se han de empezar todas las cosas» *(D. A.); sin christus* indica con ignorancia, como evidencia la frase hecha «no saber el christus».

[690] *chocarrero de Córdoba:* lo llaman bufón de la ciudad en que nació en 1561.

[691] Góngora criticó con dureza la traducción de Quevedo, el *Anacreonte español* (véase el «Comentario» al poema 61).

[692] *rabí:* maestro de la ley hebrea.

[693] La nariz de Góngora era corva, como la que suelen tener los judíos.

[694] *escribas:* intérpretes y doctores de la ley hebrea.

[695] *sayón:* significaba «verdugo», pero, por antonomasia, a los judíos se les llamaba «sayones» por haber ajusticiado a Cristo.

gongorismo), es decir, la sistematización de la *culta dificultad* como medio de estructurar el poema y como la forma de sustituir las dimensiones de la realidad por impresiones estéticas, que transportan al lector hacia planos de ilusión y de belleza, alejados de las contingencias y del desengaño de la época. Esa *culta dificultad* (mitológica, geográfica, histórica) se conseguía también por el lenguaje: un aluvión de cultismos léxicos, sintácticos y semánticos se proyectarán en esta poesía; de ello se burla Quevedo en este soneto, introduciendo entre los vv. 1-11, un desfile de palabras cultas para ridiculizar esta forma expresiva; no obstante, él mismo se sintió atraído por este estilo y lo cultivó en alguna ocasión: compárese, por ejemplo, el v. 11 —donde se burla de la «fuente razonadora»— con el poema 12, donde desarrolla con seriedad el tema.

A UN TRATADO IMPRESO QUE UN HABLADOR ESPELUZNADO [696] DE PROSA HIZO EN CULTO [697]

Soneto

Leí los rudimentos [698] de la Aurora,
los esplendores lánguidos del día,
la pira [699] y el construye y ascendía,
y lo purpurizante de la hora;

---

[696] *espeluznado:* de «despeluzar: erizar los cabellos algún pavor o miedo repentino» *(D.A.).*

[697] *hizo en culto:* en estilo culterano.

[698] *rudimentos:* nociones.

[699] *pira:* hoguera.

      el múrice y el tirio [700] y el colora [701],   5
el sol cadáver, cuya luz yacía,
y los borrones de la sombra fría,
corusca [702] luna en ascua que el sol dora;

      la piel del cielo cóncavo arrollada [703],
el trémulo palor [704] de enferma estrella,   10
la fuente de cristal bien razonada.

      Y todo fue un entierro de doncella,
doctrina muerta, letra no tocada,
luces y flores, grita [705] y zacapella [706].

---

[700] *tirio:* igual que *múrice* y *purpurizante* (v. 4); Quevedo alude a las imágenes con que se precisaba el color púrpura: en Tiro se extraía este tinte de un molusco llamado «múrice».

[701] *colora:* matiza.

[702] *corusca:* resplandeciente.

[703] *arrollada:* batida por la fuerza del viento.

[704] *trémulo palor:* temblorosa palidez.

[705] *grita:* confusión de gritos.

[706] *zacapella:* pelea a manotazos, por lo general entre mujeres de clase baja.

Índice de primeros versos

	Págs.
A fugitivas sombras doy abrazos;	89
A los pies de la Fortuna,	159
A tus ojos y a tu boca	201
¿Aguardas por ventura,	95
«¡Ah de la vida!», ¿Nadie me responde?	132
Alimenté tu saña con la vida	126
Antes alegre andaba; agora apenas	107
Antiyer nos casamos; hoy querría	227
¡Ay, Floralba! Soñé que te... ¿Direlo?,	105
Cargado voy de mí: veo delante	128
Catalina, una vez que mi mollera	206
Cerrar podrá mis ojos la postrera	118
¡Cómo de entre mis manos te resbalas!	173
Con testa gacha toda charla escucho;	259
Cuando tu madre te parió cornudo,	229
De la Asia fue terror, de Europa espanto	193
Delante del Sol venía	185
Desde esta Sierra Morena,	310
Después de tantos ratos mal gastados,	175
Dícenme, don Jerónimo, que dices,	228

	Págs.
El metal animado,	155
El que vivo enseñó, difunto mueve,	196
En crespa tempestad del oro undoso,	122
En este incendio hermoso que, partido	120
En estos versos de mi amor dictados,	92
En los claustros del alma la herida	130
Enriquecerse quiso, no vengarse,	108
Érase un hombre a una nariz pegado,	199
Es hielo abrasador, es fuego helado,	86
Esforzose pobre luz	182
Esta cantina revestida en faz;	238
Esta es la información, este el proceso	224
Esta fuente me habla, mas no entiendo,	99
Este polvo sin sosiego,	93
Este, cuya caraza mesurada	236
Flor con voz, volante flor,	181
Flor que cantas, flor que vuelas,	177
Fue más larga que paga de tramposo;	261
Fue sueño ayer, mañana será tierra	133
Fuego a quien tanto mar ha respetado	88
Hace tu rostro herejes mis despojos	267
Hermosos ojos dormidos,	90
Huye sin percibirse, lento, el día,	137
Imperio tuve un tiempo, pasajero,	191
Júpiter, si venganza tan severa	109
La losa en sortijón pronosticada	240
La mocedad del año, la ambiciosa,	101

Págs.

Las dos somos hermanas producidas	321
Leí los rudimentos de la Aurora,	325
Llueven calladas aguas en vellones	197
Los que ciego me ven de haber llorado	115
Los que quisieren saber	318
Madre, yo al oro me humillo;	253
«Madres, las que tenéis hijas,	209
Mandome, ¡ay Fabio!, que la amase Flora,	102
Medio día era por filo,	293
Mejor me sabe en un cantón la sopa,	258
Ministril de las ronchas y picadas,	234
Miré los muros de la patria mía,	170
Mota borracha, golosa,	233
Muérome yo de Francisca,	110
Mujer llama a su Madre cuando expira,	163
No digas, cuando vieres alto el vuelo...	153
No es artífice, no, la simetría	103
¡Oh tú, que inadvertido peregrinas...	141
Oír, ver y callar remedio fuera...	149
Ondea el oro en hebras proceloso;	98
Osar, temer, amar y aborrecerse,	83
¿Para qué nos persuades eres niña?	214
Para, si subes; si has llegado, baja;	152
«Pariome adrede mi madre,	301
Pelo fue aquí, en donde calavero;	207
Pierdes el tiempo, Muerte, en mi herida,	124

Págs.

Pues amarga la verdad, ...	251
Pues te nombra Marcial, Félix y Lope, ...	194
¿Qué imagen de la muerte rigurosa, ...	85
¡Qué perezosos pies, qué entretenidos	127
¿Qué tienes que contar, reloj molesto, ...	157
¿Quién me compra, caballeros, ...	269
Retirado en la paz de estos desiertos, ...	147
Sabed, vecinas, ...	277
Saturno alado, ruïdo	235
Señor don Juan, pues con la fiebre apenas	140
Señor don Leandro, ...	284
Si alumbro yo por que a matar aprenda, ...	241
Si dios eres, Amor, ¿cuál es tu cielo?	123
Si hija de mi amor mi muerte fuese, ...	116
Si quien ha de pintaros ha de veros, ...	106
Si vieras que con yeso blanqueaban	263
Si vistes a las piedras quebrantarse	164
Sol os llamó mi lengua pecadora, ...	262
Toda bolsa que me ve	279
Todo tras sí lo lleva el año breve	172
Tras arder siempre, nunca consumirme;	84
«Tras vos, un alquimista va corriendo, ...	282
Trataron de casar a Dorotea	225
Tres mulas de tres doctores	243
Tú sola, Cloris mía, ...	265
Tudescos moscos de los sorbos finos, ...	231

Págs.

Ven ya, miedo de fuertes y de sabios:	169
Vi una alameda excelente:	307
Vi, debe de haber tres días, ...	220
Viejo verde, viejo verde, ...	216
Vivir es caminar breve jornada, ...	135
Ya formidable y espantoso suena, ...	138
Ya te miro caer precipitado, ...	150
Yacen de un home en esta piedra dura	242
Yo te untaré mis obras con tocino, ...	323

Fernando Gómez Redondo

Es doctor en Filología Hispánica y licenciado en Periodismo. Ha sido catedrático de IES Lope de Vega durante varios años y en la actualidad es profesor titular de Teoría de la Literatura de la Universidad de Alcalá de Henares. Es un reconocido especialista en la prosa medieval española, de la que ha publicado estudios indispensables *(Historia de la prosa medieval castellana,* Cátedra, 1998-2002; *Artes poéticas medievales,* Laberinto, 2000). A su cargo han estado las ediciones de *Prosa del siglo XIV* (Júcar, 1994), *Selección poética de Juan Ramón Jiménez* (Pearson, 1995), *Antología poética comentada de Quevedo* (Pearson, 1995), del *Libro del conde Lucanor* (Castalia, 1996), *Poesía española, Edad Media: juglaría, clerecía y romancero* (Crítica, 1996), del *Quijote* (Edelvives, 1998), *Cuentos contemporáneos: Atxaga, Ayala, Delibes y otros* (Edelvives, 1999). En colaboración con Carlos Alvar ha editado *El Cid: de la materia épica a las crónicas caballerescas* (Universidad de Alcalá de Henares, 2002).

Es autor de los ensayos teóricos *El lenguaje literario* (Edaf, 1994) y *Crítica literaria del siglo XX* (Edaf, 1996 y 2001) y ha traducido *Jaufre* (Gredos, 1996).

Colaborador habitual de *REF, Dicenda, Rev. de Literatura Medieval, Cahiers de Lingüistique Hispanique Médiévale*, etc., y miembro del Seminaire Interdisplinaire de Recherches sur l'Espagne Médiévale y del Seminario de Estudios Medievales y Renacentistas de la Universidad de Alcalá de Henares en la que dirige la *Revista de poética medieval*.